DE[V]

DE 3 MINUTOS

PARA HOMBRES

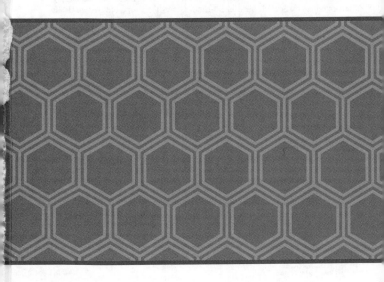

ISBN 978-1-64352-266-1

Título en inglés: *3-Minute Devotions for Men*

© 2018 por Barbour Publishing, Inc.

Desarrollo editorial: Semantics, Inc. Semantics01@comcast.net

Publicado por Casa Promesa, un sello de Barbour Publishing, Inc., 1810 Barbour Drive, Uhrichsville, Ohio 44683.

Nuestra misión es inspirar al mundo con el mensaje transformador de la Biblia.

 Member of the
Evangelical Christian
Publishers Association

Impreso en Estados Unidos de América.

DEVOCIONALES
DE 3 MINUTOS
PARA **HOMBRES**

180 lecturas inspiradoras

Inspiración para la vida
⚓CASA PROMESA
Una división de Barbour Publishing, Inc.

INTRODUCCIÓN

La mayoría de los días buscas un momento o dos de inspiración y aliento, un soplo de aire fresco para los pulmones y el alma.

Aquí tienes una colección de momentos de la verdadera fuente de toda inspiración y aliento: la Palabra de Dios. Dentro de estas páginas, serás guiado a través de lecturas de la longitud adecuada para que puedas realizarlas en solo tres minutos:

- Minuto 1: reflexiona sobre la Palabra de Dios

- Minuto 2: lee las aplicaciones de la vida real y las palabras inspiradoras.

- Minuto 3: ora

Estos devocionales no tienen la intención de reemplazar la profundización en las Escrituras o un tiempo de devocional personal y profundo. Considéralos más bien como el comienzo perfecto para ayudarte a formar el hábito de pasar tiempo con Dios todos los días. O añádelos al tiempo que ya estás pasando con él. Comparte estos momentos con tus amigos, familiares, compañeros de trabajo y otras personas con las que estés en contacto todos los días. Ellos también buscan inspiración y ánimo.

Tu palabra es una lámpara que guía mis pies
y una luz para mi camino.
SALMOS 119:105 NTV

ORACIÓN DELEITOSA

Deléitate en el Señor, y él te concederá
los deseos de tu corazón.

SALMOS 37:4 NVI

En este salmo son contestadas muchas oraciones, pero nunca se menciona la palabra *oración*. Se te dice que te «comprometas», que «esperes», que «te deleites» en el Señor, y entonces él te dará «los deseos de tu corazón». Pero la palabra *orar* no se encuentra en ninguna parte.

¿En cuántas cosas te «deleitas»; no solo disfrutas, sino que te deleitas? Probablemente no hay muchas. ¿Y en cuántas otras cosas debes *evitar* deleitarte si realmente quieres deleitarte en el Señor?

En todas. El salmo 37 trata este proceso de deshacerse de todos los deleites excepto de Dios mismo como el proceso de *oración*. ¿Cómo lo sabes? Porque es el compromiso con el Señor, el deleitarse, la espera, lo que obtiene respuesta.

La oración es la devoción a Jesús que fortalece tu espíritu nacido de nuevo. La oración es la expresión del deseo de que Dios haga su voluntad. Los ojos del hijo están puestos en su Padre. Él ama lo que su Padre ama, se deleita en lo que su Padre se deleita. Ese proceso es la oración.

Dios, ayúdame a deleitarme en ti ante todo. Que mi corazón
se embriague con tu presencia. Que todos mis otros deseos
sean sombras fugaces en comparación contigo.

LUZ PARA TU CAMINO

La senda de los justos se asemeja a los primeros albores
de la aurora: su esplendor va en aumento
hasta que el día alcanza su plenitud.

PROVERBIOS 4:18 NVI

Tu camino puede parecer confuso a veces, pero, si permaneces cerca de Dios, viviendo en su presencia, participarás de su Espíritu y su santidad. Es posible que no lo sientas todo iluminado o correcto la mayor parte del tiempo, pero, mientras estés buscando al Señor y haciendo lo que puedas para obedecerlo, él escuchará tus oraciones, te guiará y te protegerá.

Entonces, de manera lenta pero certera, así como el brillo inicial del cielo al amanecer da paso a la plena luz del día, el sol saldrá y la bendición de Dios se manifestará en tu vida. Puede tomar un tiempo, y puede que tengas que andar con cuidado al principio, sintiéndote en la penumbra. Pero Dios ha prometido estar contigo, y así será.

La Biblia dice que Jesús, el Hijo de Dios, es «aquella luz verdadera, que alumbra a todo hombre, [que] venía a este mundo» (Juan 1:9 RVR1960).

Camina en su verdad y no estarás en la oscuridad.

*Padre amado, por favor, guíame por el camino
que debo seguir. Deja claro que estás conmigo dando luz
a mi camino. En el nombre de Jesús te lo pido. Amén.*

VER A DIOS EN SU CREACIÓN

«Pero interroga a los animales, y ellos te darán una lección;
pregunta a las aves del cielo, y ellas te lo contarán;
habla con la tierra, y ella te enseñará;
con los peces del mar, y te lo harán saber».

JOB 12:7-8 NVI

Tomarse el tiempo para salir y disfrutar del aire libre es un esfuerzo placentero para casi todo el mundo. Pero, para un hombre de Dios, estas actividades ofrecen algo más, algo de naturaleza verdaderamente espiritual.

Una de las mejores cosas de la pesca, caminatas, acampar o cualquier otra actividad que tenga lugar al aire libre es simplemente estar en los lugares donde se puede disfrutar de esas cosas. Estos son los lugares donde se ve la obra de Dios sin distracciones hechas por el hombre.

No, la creación no es Dios, pero puedes aprender algunas grandes verdades acerca de su naturaleza y carácter mirando la maravilla de lo que él ha creado. Así que la próxima vez que salgas a disfrutar de la naturaleza recuerda pensar en tu Padre celestial. Es en esos lugares donde puedes disfrutar de su compañía, tal vez hasta escuchar su voz, lejos del ruido del mundo.

Padre, te agradezco por la forma en que me hablas
a través de tu creación. Te ruego que llenes mi corazón
con el temor de tu gloria, creatividad y poder.

SALVADOS SOLO POR GRACIA

*Cristo Jesús vino al mundo para salvar a los pecadores,
de los cuales yo soy el primero.*

1 Timoteo 1:15 RVR1960

Cuando declaró que él era el peor de los pecadores, Pablo no solo estaba actuando con humildad. Nunca olvidó que, en su ciego afán, había arrestado y torturado a numerosos cristianos e instado a que los mataran. Más adelante, mirando hacia años pasados, declaró que cualquier justicia que alguna vez pensó haber tenido era «basura» (Filipenses 3:8 RVR1960).

¿Por qué eligió Dios a un pecador como uno de sus principales apóstoles? Pablo explicó que Dios quería mostrar con *su* ejemplo que no había ninguna persona tan pecadora como para no poder ser redimida (1 Timoteo 1:16).

Sin embargo, a veces, después de haber estado sirviendo al Señor por unos años, puedes olvidar el mal estado en el que te encontraste una vez. Puedes empezar a pensar que eres bastante justo e incluso puedes empezar a creer que eres lo suficientemente bueno como para hacerlo por ti mismo. Pero recuerda qué Jesús te salvó, y que fue por su gracia como fuiste salvado, no por tu propia bondad (Efesios 2:8-9).

*Señor, gracias por salvarme de todos mis pecados y de una vida
llena de vergüenza y arrepentimiento. Ayúdame a no olvidar
que solo por tu misericordia tengo vida eterna.*

TODAS LAS COSAS NUEVAS

*Todo aquel que pertenece a Cristo se ha convertido
en una persona nueva. La vida antigua ha pasado;
¡una nueva vida ha comenzado!*

2 Corintios 5:17 NTV

Una relación con Jesús te invita a hacer cosas que nunca pensaste que podrías hacer. De alguna manera, las reacciones imposibles se hacen posibles. Jesús te ayuda a perdonar cuando normalmente guardas rencor, amar cuando sería más fácil odiar y compartir cuando te gustaría retener para ti. Te vuelves generoso en amor, gracia y gentileza hacia aquellos que entran en tu vida... y no porque esperes algo a cambio.

Esto es un logro de Dios al entrar en un pacto contigo. Un pacto es un contrato que Dios se ha comprometido a cumplir. Dios trae todos los dones y recursos positivos: la gracia, el perdón y el amor. Parece injusto. Tú obtienes todo y él no parece obtener mucho, pero este es el pacto que Dios acepta con gusto.

Una vez que tienes acceso a todo lo que ofrece Dios, encuentras que tus percepciones, actitudes y pensamientos han cambiado. Vienes a Jesús tal como eres, pero no te quedas tal como eres.

*Dios, recuérdame siempre que, cuando acepté a Cristo,
entré en un pacto contigo, y tú siempre cumplirás tus promesas.
Ayúdame a regocijarme en mi nueva vida.*

EL GOZO DE DESCANSAR EN DIOS

Pero yo confío en tu gran amor;
mi corazón se alegra en tu salvación.

SALMOS 13:5 NVI

A la luz del texto de hoy, comienza por preguntarte en qué estás confiando o en qué te apoyas hoy. ¿Estás contento? ¿Te sientes temeroso o frustrado? Tus emociones y pensamientos son pistas útiles de lo que piensas de Dios. Te aportan la evidencia de una vida de fe o de una vida que intenta sobrevivir por sí sola.

Aunque seguir a Jesús nunca te asegura una navegación tranquila, estás seguro de la presencia de Dios, basada en su misericordia hacia ti. Si no estás contento y te encuentras atrapado en la desesperación, es posible que estés confiando en ti mismo para ganar la misericordia de Dios o simplemente confiando en tus propios recursos y sabiduría para ayudarte a ti mismo.

Hay gran satisfacción en confiar en la misericordia de Dios y recurrir a su ayuda. No te apoyas en Dios porque te hayas ganado su ayuda o favor. Más bien, comienzas con su misericordia que te asegura su ayuda y su presencia redentora, ya sea que estés pasando por buenos o malos momentos.

Dios, por favor, anima mi corazón.
Ayúdame a experimentar tu paz y alegría ahora.
Acércame a ti. Te lo pido en el nombre de Jesús.

LA FE CUANDO REALMENTE CUENTA

*No se rebelen contra el SEÑOR ni tengan miedo de la gente
que habita en esta tierra. ¿Ya son pan comido!
No tienen quién los proteja, porque el SEÑOR está de parte
nuestra. Así que, ¡no les tengan miedo!*

NÚMEROS 14:9 NVI

Josué y Caleb eran los únicos dos hombres mayores de cuarenta
años a quienes se les permitió entrar a la tierra prometida. Después
de cuarenta años en el desierto, estos hombres se enfrentaron a
la monumental tarea de tomar la tierra que Dios había prometido
a los israelitas.

Su fe en Dios era una fe que lo abarcaba todo, como si sus
vidas dependieran de ella. ¿Por qué? Porque sus vidas realmente
dependían de las promesas de Dios. Si Josué iba a guiar a Israel a
la tierra, tenía que sentir la presencia de Dios momento a momento
y salir con fe, confiando en que Dios lo ayudaría.

El trabajo de Josué como líder de Israel era animar al pueblo
a atacar las ciudades fortificadas, que parecían inexpugnables. En
cuarenta años, su confianza en el fuerte brazo de Dios no había
cambiado. Y Dios recompensó su fe. Que la historia de Josué, con
sus creencias firmes y consistentes, te anime hoy.

*Dios, por favor, ayúdame a tener la fe y el valor de Josué,
a creer que tú estás conmigo y que guardarás todas tus
promesas. En el nombre de Jesús te lo pido.*

ENCOMIENDA AL SEÑOR TUS AFANES

Encomienda al SEÑOR tus afanes, y él te sostendrá;
no permitirá que el justo caiga y quede abatido para siempre.

SALMOS 55:22 NVI

◇ ◇ ◇

Este pasaje ha sido una fuente de gran consuelo para millones de creyentes, pero algunos protestan: «¡Ojalá *fuera* tan simple! Cuando llegan grandes problemas, ¿se los entrego tranquilamente a Dios y él se encarga de todo?». Es una pregunta válida.

Anteriormente en este salmo, David habló de amenazas, de conspiraciones, de batallas contra él y de la traición de los amigos. (Esto probablemente sucedió durante la guerra civil, cuando Absalón se rebeló). David fue capaz de echar sus preocupaciones sobre Dios, pero no fue un proceso rápido ni fácil. Al mismo tiempo, tenía que dirigir sus fuerzas contra el enemigo.

Y tuvo que orar desesperadamente: «Mañana, tarde y noche clamo angustiado, y él me escucha» (v. 17). David echaba *siempre* sus preocupaciones sobre Dios, hasta que recibía la seguridad de que Dios respondería. Sí, *puedes* simplemente entregar tus pequeños problemas a Dios, pero cuando te asalten grandes problemas, es posible que tengas que echar una y otra vez tus preocupaciones sobre él.

Señor, soy yo otra vez. Una vez más, te entrego mis preocupaciones.
¡Ayúdame! Estoy en una situación desesperada. No puedo
resolver este problema por mi cuenta.

PROTECCIÓN DEL CORAZÓN

¿Cómo puede un joven mantenerse puro? Obedeciendo tu
palabra [...]. He guardado tu palabra en mi corazón,
para no pecar contra ti.

SALMOS 119:9, 11 NTV

Los guantes protegen las manos. Los zapatos protegen los pies. Las gafas de seguridad protegen tus ojos. ¿Qué protege tu corazón?

En el corazón es donde se toman las decisiones espirituales. El corazón se queda desprotegido cuando no sabes qué reglas seguir. No se pueden tomar decisiones espirituales precisas cuando no se tiene idea de lo que Dios dice sobre asuntos importantes de la vida.

Cuando argumentas que no tienes tiempo para leer la Palabra de Dios, no deberías sorprenderte si quebrantas su ley. Alimentarse de la Palabra de Dios es esencial para aprender a vivir una vida piadosa. Tus decisiones no las puedes tomar simplemente porque te apetezca, o porque la mayoría de las personas con las que hablas creen que deberías hacer algo.

La integridad de tu corazón y las decisiones que este toma siempre se basarán en tu disposición a consultar la Palabra de Dios y obedecerla.

Dios, protege mi corazón del mal. Y ayúdame a no dejar
entrar en mi corazón nada que pueda corromperme.
Recuérdame que dedique tiempo a empaparme de tu Palabra.

LA FUENTE DE LA TENTACIÓN

Que nadie, al ser tentado. Diga: «es Dios quien me tienta».
Porque Dios no puede ser tentado por el mal, ni tampoco tienta
él a nadie. Todo lo contrario, cada uno es tentado cuando sus
propios malos deseos lo arrastran y seducen.

SANTIAGO 1:13-14 NVI

La Biblia enseña que la tentación viene básicamente de tres fuentes: del diablo (Adán y Eva pecaron cuando cedieron a su tentación; y el diablo tentó a Jesús mismo), del mundo y de nuestros propios corazones malvados y caídos.

Muchos jóvenes cristianos llegan a la fe creyendo que ya no serán tentados a pecar como lo eran antes. Algunos se desaniman cuando descubren que la tentación de pecar no desaparece.

La tentación siempre será parte de tu vida aquí en la tierra. Existió en el principio para la humanidad y sigue existiendo hoy en día. Pero Dios no puede ni quiere tentarte a pecar. Por otro lado, la Biblia promete: «Dios es fiel, y no permitirá que ustedes sean tentados más allá de lo que puedan aguantar. Más bien, cuando llegue la tentación, él les dará también una salida a fin de que puedan resistir» (1 Corintios 10:13 NVI).

Amado Dios, fortaléceme con tu Espíritu y ayúdame a resistir la tentación. En el nombre de Jesús te lo pido. Amén.

EL CORAZÓN DEL PERDÓN

De modo que se toleren unos a otros
y se perdonen si alguno tiene queja contra otro.
Así como el Señor les perdonó, perdonen también ustedes.

COLOSENSES 3:13 NVI

El corazón ha sido durante mucho tiempo la metáfora de las partes más profundas de las emociones y pensamientos de un hombre. Además de los hebreos, los antiguos griegos atribuían al corazón la sede de los pensamientos de la persona, y por tanto de sus acciones.

Hoy en día se puede extender esa metáfora con lo que se sabe de la ciencia. El corazón esencialmente bombea la sangre, y esta es un vehículo que lleva el oxígeno a cada punto del cuerpo. Sin este bombeo de oxígeno, el cuerpo muere. Por lo tanto, la Biblia declara que «la sangre es la vida» de toda carne (Deuteronomio 12:23 NVI).

Es importante destacar que el objetivo de una bomba no es recibir algo, sino impulsarlo. El corazón no funcionaría conforme a su diseño si retuviera sangre recién oxigenada para sí. Del mismo modo, si recibes el perdón del Señor sin bombearlo, tu corazón espiritual no funciona conforme a su diseño. Un corazón cristiano sano soporta los defectos y ofensas de los demás.

Señor, ayúdame a ser tierno de corazón y a perdonar, como lo haces tú. Me has perdonado por tanto tiempo. Que yo también perdone a los demás libremente.

EDIFICAR CON DIOS

Pon todo lo que hagas en manos del Señor,
y tus planes tendrán éxito.

PROVERBIOS 16:3 NTV

Puede que estés involucrado en un proyecto complejo con muchos problemas pendientes que no sabes cómo resolver. O las posibilidades de éxito pueden ser escasas. Pero, ¿has confiado el proyecto a Dios? Esa es la manera de obtener paz y claridad. Si encomiendas a Dios aquello en lo que estás involucrado, él se encargará de que tus planes tengan éxito.

La Biblia instruye: «Entrega al Señor todo lo que haces; confía en él, y él te ayudará» (Salmos 37:5 NTV). Él te ayudará, es decir, si el proyecto es su voluntad. La Biblia también advierte: «Si Jehová no edificare la casa, en vano trabajan los que la edifican» (Salmos 127:1 RVA). Demasiados hombres tratan de lograr algo, pero no lo han comprobado con Dios primero. Así que su trabajo es potencialmente en vano. Ya sea que estén construyendo una casa o lo que sea que estén tratando de lograr, no tendrá éxito o no durará.

Antes de embarcarte en un proyecto, preséntalo ante Dios y asegúrate de obtener su bendición y autorización antes de perder tu tiempo y energía en él.

Padre celestial, te presento todos mis planes.
Por favor, haz lo que quieras con ellos.
Ayúdame a tener éxito solo si son tu voluntad.

CULTIVAR LA GRATITUD

«Quien me ofrece su gratitud, me honra;
al que enmiende su conducta le mostraré mi salvación».

<small>SALMOS 50:23 NVI</small>

Si alguna vez hubo una cura para ser endurecido «por el engaño del pecado» (Hebreos 3:13 NVI) en la vida de un hombre, es la de dar gracias a Dios. Es muy fácil dejar que las preocupaciones y distracciones de esta vida te alejen de las cosas que importan; te hacen olvidar las bendiciones que has recibido y en las que estás viviendo. Ninguna acción ablanda el corazón y anima el espíritu tanto como una ofrenda de gratitud a Dios.

La Escritura a menudo usa la palabra *sacrificio* en el contexto de acción de gracias. Los primeros casos de sacrificio de una ofrenda a Dios fueron Caín y Abel. Abel lo hizo bien, con un corazón genuinamente agradecido, pero Caín, no. Lo que Dios recibe no son los objetos ofrecidos, sino la gratitud misma.

El agradecimiento abre la relación que Dios quiere. No dar gracias es un síntoma de abandonar la verdad. Romanos 1:21 (NVI) dice: «A pesar de haber conocido a Dios, no lo glorificaron como a Dios ni le dieron gracias, sino que se extraviaron en sus inútiles razonamientos, y se les oscureció su insensato corazón».

Señor, te doy gracias por todo el bien que haces en mi vida.
Te agradezco que me mantengas a salvo, proveas para mí
y me uses para tu reino. ¡Gracias, Padre!

CÓMO CAPTAR LA ATENCIÓN DE DIOS

Pero el SEÑOR cuida de los que le temen,
de los que esperan en su gran amor; él los libra de la muerte,
y en épocas de hambre los mantiene con vida.

SALMOS 33:18-19 NVI

La atención y la provisión de Dios no dependen de lo bien que ores. Es demasiado fácil pensar en Dios como una máquina tragaperras que exige ciertas prácticas para satisfacer tus necesidades. Los cristianos a menudo corren el riesgo de pretender domesticar a Dios, exigiendo que él satisfaga sus necesidades y sirva a sus propósitos.

Aquellos que esperan su provisión distinguen a Dios como santo y poderoso, digno de reverencia y respeto. No oras por la presencia de Dios para manipularlo para tus propósitos. Más bien, te rindes a su majestuoso poder.

El salmista te recuerda entonces que el amor de Dios es inquebrantable. No temes a una deidad monstruosa y furiosa, sirves a un Dios santo y todopoderoso que te ama profundamente y no te fallará, aunque tú hayas sido infiel. Mientras descansas en el cuidado que Dios tiene de ti, encontrarás un amor constante e inmutable que está totalmente comprometido contigo.

Dios, gracias porque, aunque eres todopoderoso
e infinitamente santo, piensas en mí. Ayúdame a saber
que tú eres Dios y que me amas y cuidarás de mí.

HABRÁ UN FUTURO

«Pues yo sé los planes que tengo para ustedes —dice
el Señor—. Son planes para lo bueno y no para lo malo,
para darles un futuro y una esperanza».

JEREMÍAS 29:11 NTV

No hay problemas que Dios no pueda resolver, ni circunstancias que escapen a su atención, ni futuro que no pueda ser adaptado a su plan. Dios nunca se sorprende, no necesita aprender y nunca tiene dudas. Su manera de hacer las cosas es perfecta.

En los momentos difíciles de tu vida, puedes luchar, malinterpretar las cosas y luego culpar a Dios. ¿Por qué? No sabes el final de la historia. Piensas que lo que enfrentas es injusto y que Dios no solo no tiene sentido, sino que no es digno de confianza. Lo que él sabe —pero tú no ves— es que hay un final que demuestra su fidelidad. No has llegado a esa parte de la historia todavía.

Conoces el principio de tu historia. Estás viviendo en el presente. ¿El futuro? Esa es la parte que Dios sabe. Así que espera. Confía en la promesa de tu amoroso Creador de que su plan es perfecto y para tu bien, aun cuando no lo parezca.

Señor, te amo y confío en ti. Sé que tienes cosas buenas —paz y
bendiciones— para mí. Ayúdame a confiar en ti en los momentos
difíciles del camino hacia el futuro que tú has preparado.

TODOS NECESITAMOS ÁNIMO CONTINUADO

«Sé fuerte y valiente, porque tú harás que este pueblo herede la tierra que les prometí a sus antepasados».

JOSUÉ 1:6 NVI

Josué había visto a Dios descender en una nube en la Tienda de Reunión, y Dios le dijo: «Esfuérzate y sé valiente, porque tu conducirás a los israelitas al territorio que juré darles» (Deuteronomio 31:23 NVI). Ya que Josué *acababa* de ver al Señor y escuchar su voz audible, ¿por qué el Señor lo animó de nuevo? ¿No debería haber sido suficiente para animar a Josué por el resto de su vida?

No. Dios sabía que necesitaba más aliento. Muchas veces tú, como Pedro, avanzas en la fe y «sales de la barca». Pero entonces las olas suben a tu alrededor y tu valentía titubea (Mateo 14:22-33). Dios sabía que Josué estaría guiando a un pueblo temeroso a una situación difícil, y que necesitaría una reafirmación continuada.

¿Con qué frecuencia te encuentras mirando con temor a tus circunstancias en lugar de mirar a Dios? Tú también necesitas encontrar consuelo continuado escudriñando cada día las Escrituras y pidiendo la fuerza del Espíritu de Dios.

Señor, mi fe ha flaqueado muchas veces, y a menudo he recurrido a ti y a tu Palabra en busca de valor y fe. Gracias por tu continuado e infalible aliento.

VIVIR PARA DIOS

Así que cada uno de nosotros tendrá
que dar cuentas de sí a Dios.
ROMANOS 14:12 NVI

«Pues todos tendremos que estar delante de Cristo para ser juzgados. Cada uno de nosotros recibirá lo que merezca por lo bueno o lo malo que haya hecho mientras estaba en este cuerpo terrenal» (2 Corintios 5:10 NTV). No habrá nada que ocultar de él en ese día. «Pues él sacará a la luz nuestros secretos más oscuros y revelará nuestras intenciones más íntimas. Entonces Dios le dará a cada uno el reconocimiento que le corresponda» (1 Corintios 4:5 NTV).

Este evento es el juicio del trono de Cristo, que sucede después de su segunda venida. El propósito de este informe es recompensar a los creyentes por el bien que han hecho. Pero 1 Corintios 3:11-15 aclara que las obras egoístas serán quemadas. Esto debería estimularte a hacer lo mejor para Cristo ahora. No querrás entrar en el cielo con poca o ninguna recompensa.

Jesús prometió que Dios recompensaría el servicio fiel y diligente hacia él y dijo que tú tendrás que dar cuentas por las palabras ociosas y por una vida ociosa (Mateo 12:36; Santiago 4:17). Es muy importante tu manera de vivir.

Padre nuestro que estás en los cielos, ayúdame a vivir para ti
hoy y evita que pierda el tiempo con obras inútiles que serán
quemadas. ¡Ayúdame para que mi vida valga la pena!

LA VERDADERA BATALLA

¿De dónde surgen las guerras y los conflictos entre ustedes? ¿No es precisamente de las pasiones que luchan dentro de ustedes mismos?

SANTIAGO 4:1 NVI

La vida interior de un hombre revela su auténtico ser. Proverbios 23:7 (RVR1960) dice: «Porque cual es su pensamiento en su corazón, tal es él». El corazón determina todo lo que haces y dices, pues contiene tu sistema de valores. Salomón advirtió: «Por sobre todas las cosas cuida tu corazón, porque de él mana la vida» (Proverbios 4:23 NVI). La Biblia dice que la vida interior de un hombre siempre saldrá a la luz:

> *«El que es bueno, de la bondad que atesora en*
> *el corazón produce el bien; pero el que es malo,*
> *de su maldad produce el mal, porque de lo que*
> *abunda en el corazón habla la boca».*
> (Lucas 6:45 NVI)

Cuando experimentas un conflicto con otros, puedes estar permitiendo que la confusión de tu corazón se exprese por sí misma. Es posible que las otras personas no sean «el problema». Puede que estés en la batalla equivocada. La verdadera batalla es decir no a tus deseos y necesidades, y humillarte para servir.

Amado Dios, ayúdame a guardar cosas buenas de tu Palabra en mi corazón. Llena mi corazón con tu amor para que lo que yo haga y diga refleje tu presencia, te lo ruego.

SERVIR A DIOS SIRVIENDO A LOS DEMÁS

El Rey les responderá: «Les aseguro que todo lo que hicieron
por uno de mis hermanos, aun por el más pequeño,
lo hicieron por mí».

MATEO 25:40 NVI

El versículo anterior, y también pasajes como Santiago 2:14-26, *parecen* insinuar que servir a los demás es un requisito para la salvación. Sin embargo, la Biblia es clara en cuanto a que la salvación se basa en la fe en Cristo y no en tus buenas obras.

Las palabras de Jesús y Santiago no contradicen el mensaje de salvación solo por la fe en Cristo. En realidad, aquellos que han recibido la salvación por fe y tienen el Espíritu de Dios viviendo en ellos serán motivados a servir por amor a Dios y a los demás.

Hacer cosas buenas para los demás no te convierte en cristiano, y no te hará «ganar» la salvación. Por otro lado, como seguidor de Jesús, te verás motivado a servir a los demás, sabiendo que cuando sirves al «más pequeño de ellos», estás sirviendo a Dios.

¿Te has estado preguntando qué quiere Dios que hagas? Pídele primero que te dé la motivación para servir; luego pídele que te muestre cómo puedes servir a los demás.

Padre, sé que solo tú puedes salvarme. Haz que
mi vida se desborde con tu amor para que yo,
de manera natural, pueda ayudar a otros.

SUYOS DE TODO CORAZÓN

*Amasías hizo lo que agrada al S*E*ÑOR, aunque no de todo corazón.*

2 CRÓNICAS 25:2 NVI

La religión puede preguntar: «¿Estás dentro o fuera?», pero Dios pregunta: *«¿Qué tan dentro estás?».* Su interés está en una relación activa. Antes de la boda, un hombre está «fuera», pero después está «dentro». Y, una vez casado, la pregunta no es: «¿Está realmente casado o solo un poco casado?».

Lo único que Dios hace es que su pueblo esté «realmente dentro», de todo corazón con él. Es posible hacer lo que es correcto a sus ojos, pero no de una manera que demuestre una relación real. Seguir las reglas nunca es suficiente para un Padre. El carácter y el corazón importan más.

Nadie impresionó a su esposa, a su jefe o a su oficial al mando con un esfuerzo a medias. La buena noticia es que en Cristo se te ha dado un corazón entero para ser suyo:

> *«Les daré un corazón que me conozca, porque*
> *yo soy el S*E*ÑOR. Ellos serán mi pueblo, y yo seré*
> *su Dios, porque volverán a mí de todo corazón».*
> (Jeremías 24:7 NVI)

Padre, que pueda yo seguirte de todo corazón
y refugiarme bajo tus alas, cerca de tu corazón.
Que mi vida revele una relación estrecha contigo.

UNIDAD EN EL ESPÍRITU

Y todos fueron llenos del Espíritu Santo [...]. Y la multitud de los
que habían creído era de un corazón y un alma.

Hechos 4:31-32 RVA

Recibiste el Espíritu Santo en tu corazón cuando pusiste tu fe en Jesús (ver Gálatas 4:6). Muchos están interesados en lo que el Espíritu puede hacer por ellos. Pero a menudo pasan por alto uno de sus principales propósitos: llevar a los cristianos a la unidad.

«Por un solo Espíritu fuimos todos bautizados en un cuerpo» (1 Corintios 12:13 RVR1960), «todos ustedes son uno solo en Cristo Jesús» (Gálatas 3:28 NVI). Todos compartimos «la comunión del Espíritu Santo» (2 Corintios 13:14 RVR1960).

El mismo Espíritu Santo que mora en tu corazón también mora en los corazones de otros creyentes, y él ama a cada uno de ellos tanto como a ti. Por eso los cristianos debemos amarnos con sinceridad los unos a los otros, y por eso se nos pide «que los miembros todos se interesen los unos por los otros» (1 Corintios 12:25 RVA). Debes cuidarlos como si fueras un hermano o una hermana.

Dios, ayúdame a pensar en cómo puedo mostrar
tu amor a otros miembros del cuerpo de Cristo,
honrarlos y hacerles el bien.

QUIÉN ES JESUCRISTO EN TI

*Por cuanto agradó al Padre que en él habitase toda plenitud,
y por medio de él reconciliar consigo todas las cosas.*
COLOSENSES 1:19-20 RVR1960

Tal vez no has pensado ni siquiera en el 10 % de las preguntas que deberías estar planteando, y mucho menos contestando, bíblica e intelectualmente. Aun así, es posible que hayas aprendido y vivido mucho de la verdad, de verdades que no puedes revisar muy a menudo.

¿Quieres saber algo realmente transformador? Revisa las docenas de declaraciones de «quién soy en Cristo» recopiladas por Neil T. Anderson, y muchísimas más recopiladas por otros. Millones de personas han experimentado sanación espiritual, restauración y esperanza al leerlas.

¿Pero qué pasaría si cambiaras la ecuación? En particular, ¿qué pasaría en tu vida si empezaras a afirmar verdades sobre «quién es Jesucristo *en mí*»? Cuando reflexionas sobre esto, ¿qué es lo que te viene de inmediato a la mente? Puedes dar gracias al Señor a diario por su soberanía (grandeza), providencia (bondad), amor (gracia) y misterio (solo Dios lo sabe).

En los próximos días, continúa considerando las muchas verdades acerca de lo que el Hijo de Dios significa para *tu* vida.

*Jesús, por favor, revélame quién eres, y quién has demostrado ser,
en mi vida. Aliéntame y sorpréndeme con las revelaciones
de tu presencia, te lo ruego.*

LA ORACIÓN QUE VALE LA PENA ESPERAR

Al encontrarme con tus palabras, yo las devoraba;
ellas eran mi gozo y la alegría de mi corazón.

JEREMÍAS 15:16 NVI

El comer se asocia a menudo con el deleite de aprender y meditar en las palabras de Dios. Jeremías buscó activamente la dirección de Dios y confió en él. Recibir las palabras de Dios le trajo alegría y deleite, dejándolo satisfecho, como si acabara de comer.

Así como puede ser difícil esperar una comida, también puede ser difícil esperar a Dios con tus oraciones. Imagina a alguien que ha esperado pacientemente su plato en un restaurante. Cuando la comida llega, supera sus mayores expectativas y él saborea cada bocado. Además, la Palabra de Dios para ti es también vivificante para los demás. Puedes compartir lo que has recibido con otros para que ellos también se deleiten en Dios.

Esperar pacientemente en él requiere fe y confianza en que él te traerá la «comida» que anhelas. No hay nada que te pueda restaurar como la presencia de Dios. ¿Estás esperando con anhelo cada día su alimento, haciendo espacio para que Dios te lo dé?

Gracias por tu Palabra, oh Dios. Gracias porque me da vida.
Que la meditación de las Escrituras me lleve hoy ante tu trono.

EL HIJO DE DIOS ES PLENAMENTE HUMANO

*Por eso era preciso que en todo se asemejara a sus hermanos, para
ser un sumo sacerdote fiel y misericordioso al servicio de Dios.*

HEBREOS 2:17 NVI

Según los principales encuestadores, resulta sorprendente cuántos
conceptos erróneos tiene la gente sobre la Biblia, sobre Dios y, en
particular, sobre Jesucristo. No des por sentado que tus amigos
no salvos entiendan que Jesús es eterno, es decir, que, como Hijo
de Dios, él ha existido por toda la eternidad. No hubo ningún
momento en que él no existiera.

Sin embargo, muchos piensan que Jesús fue creado en el
momento de ser concebido en el vientre de María. Pero eso solo
representa el momento en que pasó de ser completamente Dios
a ser plenamente Dios *y humano*.

A veces puede ser difícil imaginar a Jesús pasando nueve
meses «atrapado» antes de nacer, y mucho menos pasando años
«atrapado» como bebé, niño, muchacho, hombre joven y adulto
antes de comenzar su ministerio público a la edad de treinta
años. Sin embargo, Jesucristo no fue *a duras penas humano*. En
realidad, él era, es y por toda la eternidad será *plenamente Dios y
plenamente humano*.

---

*Gracias, Jesús, porque, aunque existías como Dios antes
de que el tiempo comenzara, tomaste una carne limitada
y te hiciste hombre. Gracias por hacer esto por mi bien.*

TRABAJAR POR UN SALARIO

En toda labor hay fruto;
Mas las vanas palabras de los labios empobrecen.
PROVERBIOS 14:23 RVR1960

Tal vez estés insatisfecho con tu trabajo. Esto es sobre todo así si estás empezando a sentir agotamiento, si tus tareas son monótonas, o si estás trabajando para un jefe que no puedes soportar.

La Biblia te recuerda que «en toda labor hay fruto». Quizás no estés en el trabajo de tus sueños, pero, si es un trabajo remunerado, es mejor que nada, al menos hasta que encuentres algo más gratificante. Pablo aconsejó a los cristianos: «Usa tus manos en un buen trabajo digno» (Efesios 4:28 NTV). Aunque preferirías trabajar con tu inteligencia y *no* con duro esfuerzo, trabajar duro es bíblico.

«Y que los nuestros aprendan también a hacer el bien y a ayudar en casos de necesidad» (Tito 3:14 DHH). No solo debes aplicarte a tu trabajo, sino también mantenerte fiel a él, día tras día, mes tras mes.

Aunque al final solo estarás totalmente satisfecho cuando hagas aquello para lo que Dios te ha diseñado, puedes encontrar una medida de satisfacción incluso en situaciones imperfectas.

¡Dios, por favor, ayúdame! Algunos días mi trabajo puede parecer monótono. Que tu Espíritu Santo me llene y me dé satisfacción y gozo incluso entonces. En el nombre de Jesús.

DEPENDENCIA ESPIRITUAL

*Traigo a la memoria tu fe sincera, la cual animó primero
a tu abuela Loida y a tu madre Eunice, y ahora te anima a ti.
De eso estoy convencido.*

2 TIMOTEO 1:5 NVI

Demasiado a menudo los cristianos dejan que otros sean su brújula, y, cuando esta desaparece, el cristiano dependiente no tiene polo al que señalar y se limita a dar vueltas. Pablo le escribió a Timoteo, su hijo del alma, la que intuía que sería su última carta. En ella, le dio la clave para evitar la dependencia espiritual, en el pasaje de hoy.

Hay quienes se alimentan de la dependencia espiritual de otros: algunos pastores, padres o personas con personalidades dominantes. Y luego están los espiritualmente dependientes: quizás se limitan a ser seguidores o a admirar la supuesta espiritualidad de otro. Los dependientes espirituales tienen muy poca fe. Dependen de la fe de los demás. Nunca llegan a convertirse en cristianos espiritualmente maduros.

No fue ese el caso de Timoteo. La madurez espiritual que se veía en su madre y su abuela ahora reposaba en él. Si tienes un problema con la dependencia espiritual, comienza hoy mismo a hundir tus propias raíces en Cristo.

*Dios, perdóname si de alguna manera baso mi fe en la relación
de otras personas contigo. Guíame más profundamente a ti
y a tu Palabra para que mi fe sea sólida como una roca.*

UN LUGAR PARA ENCONTRARSE CON DIOS

Y también Judas [...] conocía aquel lugar, porque muchas veces
Jesús se había reunido allí con sus discípulos.
JUAN 18:2 RVR1960

Jesús salía a menudo de Jerusalén y se retiraba con sus discípulos al jardín de Getsemaní, enclavado en las laderas del cercano monte de los Olivos. Jesús eligió retirarse allí en esta ocasión en particular para orar a la sombra de nudosos y antiguos olivos. Normalmente iba allí para orar, reflexionar y descansar, lejos de los asuntos de Jerusalén.

Los protestantes a menudo minimizamos la necesidad de un lugar específico para reunirnos con Dios, ya que los creyentes podemos adorarlo en cualquier lugar, pero hay algo que decir sobre tener un lugar designado para encontrarse con Jesús, ya sea en el porche de su casa, en un sendero o en su jardín.

Al igual que tener un espacio específico en la oficina te ayuda a centrarte mejor en tu trabajo, tener un espacio específico para reunirte con Jesús despeja las distracciones mundanas. ¿Tienes un lugar en el que apartarte y reunirte con él? ¿Tu familia sabe que no debe molestarte cuando te ven allí? Si no, busca ese lugar hoy.

Señor, muéstrame dónde quieres que me reúna contigo
regularmente. Ayúdame a reservar tiempo para entrar en un
lugar tranquilo de oración todos los días.

ENTRAR EN LA PRESENCIA

Lleguemos ante su presencia con alabanza.

SALMOS 95:2 RVR1960

En los tiempos del Antiguo Testamento, el templo de Jerusalén era el lugar donde Dios a veces se manifestaba como la gloria Shekiná. Así, cuando la gente entraba en el templo, iba con una actitud de reverencia, dando gracias a Dios.

De la misma manera hoy tu adoración a Dios te lleva a su presencia. Como cristiano, recuerda que estás entrando en el mismo salón del trono de Dios. «Lleguémonos pues confiadamente al trono de la gracia, para alcanzar misericordia, y hallar gracia para el oportuno socorro» (Hebreos 4:16 RVA). Tienes una audiencia con tu Padre, y él está atento a tus oraciones.

Pero ¿nunca has orado y te ha faltado la fe en que estabas hablando con Dios? ¿No estabas seguro de que estaba escuchando? El problema puede haber sido que fallaste al no entrar en su presencia *antes* de empezar a orar.

Antes de empezar a pedirle cosas a Dios, asegúrate de que has entrado en su presencia. Y una de las mejores maneras de hacerlo es con un corazón agradecido y con alabanza.

Padre amado, te agradezco que me escuches cuando oro.
Te doy gracias por toda tu bondad hacia mí, día tras día.
Te agradezco que seas lo suficientemente poderoso para
responder a mis oraciones.

LA GRAN DIFERENCIA

*«Mis pensamientos no se parecen en nada a sus pensamientos»,
dice el Señor. «Y mis caminos están muy por encima de lo que
pudieran imaginarse».*

Isaías 55:8 NTV

La mayor diferencia entre Dios y tú es que él es perfecto y tú no.
Tú decepcionas a la gente; en Dios se puede confiar. Tú arruinas
las cosas; Dios hace las cosas nuevas. Tú dices mentiras; Dios solo
dice la verdad. Tú eres egoísta; Dios te lo dio todo. Tú quieres ir a
tu manera; Dios sabe lo que es mejor.

Estas diferencias apuntan a un Dios que es increíblemente
sabio, pero al que a menudo se considera insensato. Por ejemplo, su
Palabra dice que tú lideras cuando sirves, encuentras bendiciones
cuando das y descubres la vida real cuando pierdes lo que creías
que era importante. Pablo incluso afirma que la cruz es «locura»
para los que no creen, pero es «poder de Dios» para los que se
salvan (1 Corintios 1:18 RVR1960).

A veces quieres tratar de definir quién es Dios por lo que
experimentas, pero él está más allá de cualquier cosa que puedas
explicar. No tiene principio ni fin. Afortunadamente, no es necesario
entenderlo todo sobre él para admitir que es digno de confianza.

*Amado Dios, estás más allá de cualquier cosa que pueda
empezar a comprender. Ayúdame a poner mi vida en tus manos
y a confiar en tu infinita sabiduría para que me guíe hoy.*

INSPIRACIÓN EN LA NOCHE OSCURA

Tributen al Señor la gloria que merece su nombre;
póstrense ante el Señor en su santuario majestuoso.

Salmos 29:2 NVI

¿Qué es lo que te inspira? A algunos, pasar tiempo con la familia. Otros necesitan la gloriosa calma de un lugar pintoresco. El corazón de otros se inspira en las historias de personas que han hecho cosas increíbles. Los artistas se emocionan con temas bellos, y los poetas y compositores se inspiran en experiencias y sentimientos.

Francis Scott Key, un estadounidense del siglo diecinueve, también se inspiraba, pero no en algo bello, sino en una perspectiva de primera mano de la guerra. Esto llevó a Key a escribir la letra de lo que llegaría a ser el himno nacional de Estados Unidos. Las palabras están llenas de imágenes bélicas, pero están coloreadas de esperanza, porque, después del último disparo, la andrajosa bandera estadounidense todavía ondeaba a la luz de la mañana.

Tú puedes inspirarte aún en tus tiempos más oscuros porque Dios está contigo. Es posible que recuerdes esos momentos mejor que la mayoría, y pueden convertirse en los recuerdos más hermosos de todos. ¿De qué «noches oscuras» te ha librado? ¿Le has dado «la gloria debida a su nombre»?

Padre, gracias por inspirarme con esperanza hasta en las experiencias más oscuras. Ayúdame a mantener mis ojos en ti, esperando que el amanecer brille sobre el turbulento horizonte.

ESPERANZA EN EL SEÑOR

Esperanza frustrada, corazón afligido,
pero el deseo cumplido es como un árbol de vida.
PROVERBIOS 13:12 DHH

● ● ●

Aunque las dificultades están entrelazadas en el tejido mismo de la vida y muchas están diseñadas por Dios para acercarte a él, él también sabe que los problemas implacables pueden hacer que caigas en la desesperación. Esa es la razón por la que Dios frecuentemente envía alivio.

A veces puedes arreglártelas sin que todo el problema se resuelva de inmediato. Pero necesitas un rayo de esperanza para saber que Dios está contigo y que al final resolverá las cosas. Por eso oras: «Envíame una señal de tu favor» (Salmos 86:17 NTV).

Pero ¿cómo puedes saber que Dios *desea* hacerte el bien? Cuando un salmista anónimo se desanimó, oró: «Esperé yo a Jehová, esperó mi alma; en su palabra he esperado» (Salmos 130:5 RVR1960).

Dios te ama y piensa en ti, incluso cuando parece distante. Si oras, no solo te enviará una señal de su favor, sino que al amanecer después de una larga y oscura noche, enviará a su caballería a rescatarte.

¡Dios, necesito ayuda! Por favor, muéstrame que me amas.
Muéstrame que planeas protegerme, bendecirme
y aliviarme de todos mis problemas.

LA SEMEJANZA DE DIOS

Pero Dios lo hace para nuestro bien,
a fin de que participemos de su santidad.

HEBREOS 12:10 NVI

La santidad es la naturaleza de Dios y él desea que tú la compartas. Pero la idea de santidad suele estar envuelta en conceptos erróneos: la santidad implica dejar de divertirse, trabajar mucho, aburrirse o volverse «demasiado religioso».

La santidad es, en realidad, libertad. Nada de ella es restrictivo cuando andas en su camino. Y la santidad es la única manera de experimentar al Señor.

Busquen la paz con todos, y la santidad,
sin la cual nadie verá al Señor.
(Hebreos 12:14 NVI)

Por supuesto, cuando vives según la carne, valorando cosas que Dios dice que no valen nada, la santidad ciertamente parecerá una carga. Esto se debe a que, incluso para los creyentes, «la mentalidad pecaminosa es enemiga de Dios» (Romanos 8:7 NVI).

Cuando sientas que la santidad se está convirtiendo en una carga, revisa tu manera de pensar, porque «la mentalidad que proviene del Espíritu es vida y paz» (Romanos 8:6 NVI). Acepta ser gobernado por su Espíritu para poder crecer en su semejanza.

Padre amado, tú quieres que esté lleno de tu santa presencia, para someterme a tu Espíritu. Por eso ahora abro mi vida a ti, Dios.

BENDECIR A OTROS

«Que el Señor te bendiga y te proteja.
Que el Señor sonría sobre ti y sea compasivo contigo.
Que el Señor te muestre su favor y te dé su paz».

Números 6:24-26 ntv

En un momento incierto de la historia de Israel, cuando el pueblo aún no se había establecido en una tierra propia, Dios les dio una bendición sacerdotal a Aarón y a sus hijos. Un pueblo errante en busca de una patria ciertamente necesitaba la protección, el favor y la paz de Dios cuando había tan pocas cosas que sabían con certeza. Y Dios los animó a imaginarlo sonriéndoles mientras les extendía su gracia.

Al pensar en las necesidades de los demás, ora para que los que están en peligro reciban la protección de Dios. Pídele a Dios que los guíe en los tiempos inciertos y que los bendiga con misericordia. Ora para que el favor y la paz de Dios se manifiestan en sus vidas.

Plantéate pedir que Dios se te haga presente de manera tangible y pacífica. Como sacerdote de los creyentes, has heredado el gozoso rol de la intercesión, y Dios te ha mostrado cómo cumplir con esta función.

Amado Señor, bendice a mi familia y a mis amigos, a mis compañeros de trabajo y a las personas con las que me relaciono a diario. Muéstrales tu amor, tu favor y tu alegría. En el nombre de Jesús te lo ruego.

PROTEGIDO A LA SOMBRA DE DIOS

El que habita al abrigo del Altísimo
morará bajo la sombra del Omnipotente.

SALMOS 91:1 RVR1960

¿Cómo encuentras descanso cuando hay problemas a tu alrededor, cuando los enemigos buscan tu ruina y aúllan los vientos de la adversidad? Debes morar (vivir consistentemente) en el refugio de Dios y quedarte (permanecer) bajo su sombra.

Gran parte del Néguev, en el sur de Israel, es un desierto vasto y estéril abrasado bajo el sol y arrasado por fuertes vientos. Los viajeros se refugian detrás de grandes rocas durante las tormentas de viento y descansan a su sombra durante el calor del día. Dios es «como un refugio contra el viento, como un resguardo contra la tormenta; como arroyos de agua en tierra seca, como la sombra de un peñasco en el desierto» (Isaías 32:2 NVI).

Dado que eres cristiano, el Espíritu del Hijo de Dios mora en ti. Pero también dijo: «Permaneced en mí, y yo en vosotros» (Juan 15:4 RVR1960). Tú también debes vivir en Jesús. Esto significa buscar al Señor y permanecer cerca de él.

Dios es una gran roca en un paisaje hostil, y él es más que capaz de protegerte. Así que quédate a su sombra.

Dios, hoy descanso a tu sombra. Sé mi escudo y protección,
te lo suplico. Mantenme a salvo, sin que importen
los vientos de adversidad que estén soplando.

CULPA Y PERDÓN

Perdonen a todo el que los ofenda.
Colosenses 3:13 ntv

Si puedes ofender a Dios con las decisiones que tomas y si Dios tuvo que enviar a su Hijo para hacer posible el perdón, ¿no es obvio que a veces ofenderás o causarás dolor a otros?

Cuando te han ofendido, puedes creer que tu experiencia es única y que nadie ha soportado nunca el mismo sufrimiento. Tal vez eso sea cierto, pero las ofensas nos llegan en cada minuto de cada día, así que debes saber cómo responder a ellas.

Cuando alguien te dice: «Supéralo», te suena a indiferencia, como si tuvieras que decir que la ofensa no fue gran cosa. Pero el verdadero perdón requiere *nombrar* el pecado y quién tiene la culpa. Para perdonarte, Dios tuvo que señalar tus ofensas. Tú debes hacer lo mismo, porque el perdón no es trivial. No puedes decir: «No es gran cosa».

La única manera de superar una ofensa es enfrentar el problema con honestidad, reconocer el daño y luego elegir deliberadamente perdonar ofensas específicas. Hay mucho más que experimentar en la vida que las viejas heridas.

Amado Dios, ilumina mi corazón para ver si tengo guardadas ofensas sin perdonar. Muéstramelas, y luego dame el amor y la misericordia para lidiar con ellas y perdonar.

EL OBJETIVO DE DIOS

No menosprecies, hijo mío, el castigo de Jehová,
Ni te fatigues de su corrección;
Porque Jehová al que ama castiga,
como el padre al hijo a quien quiere.

Proverbios 3:11-12 RVR1960

Si Dios envía dificultades, problemas financieros o problemas de salud a tu vida, puedes pensar que es porque te odia. Pero es todo lo contrario. El Señor te castiga porque te *ama*. Dice: «Yo reprendo y corrijo a todos los que amo. Por lo tanto, sé fervoroso y vuélvete a Dios» (Apocalipsis 3:19 DHH).

A veces, desearías que Dios dejara pasar tu comportamiento descuidado. Y, si él no se preocupara por ti tanto como lo hace, podría hacerlo. Pero Dios tiene el propósito de corregirte. Él te está perfeccionando y te invita a unirte al proceso. Pablo escribió: «Si alguien se mantiene limpio, llegará a ser un vaso noble, santificado, útil para el Señor y preparado para toda obra buena» (2 Timoteo 2:21 NVI).

Dios busca hacer de ti una persona mejor, capaz de grandes cosas. ¿Estás de acuerdo con eso?

Dios, gracias por permitirme experimentar problemas. Aunque
no los disfruto, sé que son la prueba de que me amas.
Así que sigue demostrando que me amas.

PERDIDO Y ENCONTRADO

«Tenemos que celebrar con un banquete, porque este hijo mío estaba muerto y ahora ha vuelto a la vida; estaba perdido y ahora ha sido encontrado».

LUCAS 15:23-24 NTV

Arruinó los planes de su padre. Usó mal los recursos. Lo perdió todo. Ocupó los titulares del día. En los confines embarrados de una pocilga, finalmente recibió lo que se merecía.

Si conoces la historia del hijo pródigo, sabes que hay algo más. A primera vista, parece que el padre, que había sido maltratado por su hijo, habría tenido toda la razón para repudiar al hijo. Podría haber tratado a este joven caprichoso como a un jornalero, *si* hubiera pensado en permitirle volver a casa.

Su nombre podría haber sido repetido con desdén por todos los que escucharon la historia, pero su padre nunca lo permitió. El padre lo liberó del ridículo y la vergüenza. Perdonó al hijo antes de que le pidiera perdón. La reconciliación comenzó en el momento en que el hijo arrepentido se acercó a su padre.

El perdón ofrece libertad, refleja el mandato de Dios de amar, inspira la restauración y es la llave que abre las segundas oportunidades.

Dios, gracias por las muchas veces que me has recibido con los brazos abiertos y el perdón después de desviarme de ti. Estoy realmente agradecido.

YA NO LO SABES TODO

«Clama a mí y te responderé, y te daré a conocer
cosas grandes y ocultas que tú no sabes».

JEREMÍAS 33:2-3 NVI

Si no estás en una temporada de incertidumbre, pronto experimentarás una. Cuando la vida comienza a descontrolarse, es natural preocuparse por el futuro. Puedes aferrarte a ciertos resultados y empezar a pedirle a Dios por un futuro en particular. ¿Quién no ha luchado con algunas preguntas difíciles para Dios cuando ocurre exactamente lo contrario?

Cuando el profeta Jeremías se enfrentó a la incertidumbre, el Señor le aseguró que podía clamar y que le respondería. Por supuesto, el Señor no garantizó que al profeta le *gustara* la respuesta que recibió. A Jeremías no se le aseguraron soluciones claras.

Tal vez las respuestas a tus oraciones podrían tardar años o incluso toda una vida en revelarse. Incluso en los momentos en que piensas que entiendes los caminos de Dios, te darás cuenta de que debajo de tus oraciones había capas de las que no estabas consciente. Tanto si quieres enfrentarte a estos misterios como si no, lo más importante es que este versículo promete la presencia de Dios en los momentos de incertidumbre.

Señor, no sé qué está pasando en mi vida ahora mismo.
Las cosas no están saliendo como esperaba.
Ayúdame a confiar en ti en estos tiempos de incertidumbre.

VENCER LA DESESPERACIÓN

Me sacó del foso de desesperación, del lodo y del fango.
Puso mis pies sobre suelo firme y a medida
que yo caminaba, me estabilizó.

SALMOS 40:2 NTV

El profeta Samuel había ungido a David para que fuera el rey de Israel. Obviamente, Dios planeó mantener vivo a David para que esto pudiera suceder. Al principio, David no lo dudó. Pero. después de vivir como un fugitivo en el desierto durante varios años, mirando siempre por detrás de su hombro, descubrió que su fe se había agotado. Al final, «David seguía pensando: "Algún día Saúl me va a atrapar"» (1 Samuel 27:1 NTV).

Tal vez tú estés en una situación similar. Estabas convencido de que algo era la voluntad de Dios, así que te mantuviste fuerte durante algún tiempo, a pesar de las severas pruebas. Pero recientemente has empezado a cansarte.

Dios te anima: «No nos cansemos, pues, de hacer bien; porque a su tiempo segaremos, si no desmayamos» (Gálatas 6:9 RVR1960). La Palabra también dice: «Pelea la buena batalla de la fe» (1 Timoteo 6:12 RVA), así que sigue luchando y creyendo.

Amado Dios, ayúdame a no rendirme ni entregarme al desánimo.
Ayúdame a no perder nunca la esperanza de que tú me
protegerás y harás tu perfecta voluntad en mi vida.
En el nombre de Jesús te lo pido.

UNA OPCIÓN QUE VALE LA PENA

Lo que vale es la fe que actúa mediante el amor.

GÁLATAS 5:6 NVI

Echemos un vistazo al perdón desde el punto de vista del amor. Los más grandes mandamientos que Jesús dio fueron amar a Dios y luego amar a todos los demás.

La mayor fuente de enseñanza sobre el amor viene de 1 Corintios 13. El perdón es una parte esencial del amor porque el amor no guarda ningún registro de los errores, no se enoja fácilmente y no es egoísta (1 Corintios 13:5). Cuando no puedes o no quieres perdonar, estás guardando registros de las heridas que otros te han hecho.

¿Te parece posible obedecer el mandato de Dios de amar mientras te niegas a perdonar a los demás? No lo es. El amor verdadero perdona. Cuando la fe se expresa a través del amor, se emite una orden de desalojo contra la amargura y el resentimiento.

El perdón es una elección personal que no excusa el pecado, pero puede quitar la carga que llevas y ayudar a sanar viejas heridas en lugar de dejar que se corrompan. Por último, el perdón es la única oportunidad que tendrás de restaurar las relaciones rotas. Así que, cuando se presente la opción de perdonar, aprovéchala.

Señor, llena mi corazón de amor para que tenga el deseo de perdonar a los que me han ofendido. Límpiame de la amargura y del resentimiento. En el nombre de Jesús.

BUSCAR A DIOS TEMPRANO

Dios, Dios mío eres tú: levantaréme á ti de mañana:
mi alma tiene sed de ti, mi carne te desea,
en tierra de sequedad y transida sin aguas.

SALMOS 63:1 RVA

Hay beneficio en experimentar reveses y problemas. Te obligan a acercarte a Dios porque eres consciente de que no puedes resolverlos tú solo. Así que clamas a él. Esa es, de hecho, una de las razones principales por las que Dios te *permite* experimentar dificultades.

Jesús dijo: «Mas buscad primeramente el reino de Dios y su justicia, y todas estas cosas os serán añadidas» (Mateo 6:33 RVA). Sin embargo, muchos no dedican mucho tiempo a la oración, más allá de lanzar un rápido clamor a Dios durante las emergencias.

Las personas mayores a menudo tienen una perspectiva más profunda de la vida, pero no es necesario esperar a ser viejo para entenderlo. Puedes orar incluso ahora: «Enséñanos a entender la brevedad de la vida, para que crezcamos en sabiduría» (Salmos 90:12 NTV).

Este mundo es como una tierra seca y sedienta sin agua. Cuanto antes te des cuenta de que las cosas de la tierra no satisfacen de verdad, antes te concentrarás en Dios.

Amado Dios, ayúdame a vivir en ti, sea joven o viejo.
Ayúdame a darme cuenta de que las cosas de esta tierra
no satisfacen de verdad.

CENTRARSE EN LOS DEMÁS

Cada uno ponga al servicio de los demás el don
que haya recibido, administrando fielmente la gracia
de Dios en sus diversas formas.

1 PEDRO 4:10 NVI

La mayoría de las publicaciones de Internet destacan las mejores cosas que nos suceden. Su información realza nuestras mayores cualidades o logros. No hay nada malo en celebrar lo bueno que nos pase, pero nuestras celebraciones, sobre todo como las filtramos en las redes sociales, sin días malos, pueden hacer que otros se sientan inferiores.

Normalmente te haces *selfies* y los publicas para mostrar los lugares en los que has estado y las personas que has conocido. ¿Qué pasaría si te centraras en señalar las cosas buenas que suceden en la vida de los demás? Las oportunidades de usar las redes sociales para animar son mayores de lo que a menudo te das cuenta.

Dios siempre planeó que invirtieras en otros. Más allá de los gustos y las acciones en las que puedas participar en Internet, debes ser intencional con tus interacciones. No olvides invertir en otros, para llegar a tu familia, amigos y otras personas cuyas vidas tal vez nunca encajen en un típico perfil glamuroso en las redes sociales. ¡Sé un fiel administrador de tus dones!

Dios, libérame de la inclinación al «yo primero» de los medios
de comunicación modernos para que pueda buscar
maneras de animar e inspirar a otros.

EL CORAZÓN DE DIOS PARA LOS PRÓDIGOS

*«Tan cierto como que yo vivo —afirma el Señor omnipotente—,
que no me alegro con la muerte del malvado, sino con que se
convierta de su mala conducta y viva. ¡Conviértete, pueblo de
Israel; conviértete de tu conducta perversa!».*

EZEQUIEL 33:11 NVI

No hay duda de las consecuencias que esperan a aquellos que se
alejan de Dios. Pero, si te imaginas una deidad enojada que desea
juzgarte por tus pecados, considera este pasaje. Ezequiel muestra
a un Dios que suplica a su pueblo que cambie sus caminos. El
Señor muestra a su pueblo que hay dos caminos ante ellos y los
llama a elegir la obediencia y la vida.

Cada día te enfrentas a oportunidades para acercarte a Dios o
para aislarte de él. Si te has aislado de él, este mensaje es también
para ti: apártate de tus propios caminos.

Ver a su amado pueblo deshecho por el egoísmo hiere el
corazón de Dios. Lo último que él quiere es que se deshagan
nuestras vidas bajo el dominio del pecado. Dios está dispuesto a
perdonar, a darte la bienvenida a la vida. Su ruego para ti hoy es
simple y sincero: regresa.

*Amado Dios, tú sabes en qué sentidos me he apartado de ti.
Ten piedad de mí y perdóname. Por favor, ablanda mi corazón.
En el nombre de Jesús te lo ruego. Amén.*

NUESTRA SEGUNDA MAYOR NECESIDAD

Alejen de ustedes la amargura, las pasiones, los enojos,
los gritos, los insultos y toda clase de maldad.

EFESIOS 4:31 DHH

Tu madre y tu padre pudieron haber sido omniscientes a tus ojos, inmunes a tomar decisiones equivocadas, *o* cometieron errores que hicieron que quisieras nominarlos para los Peores Padres del Mundo. A veces solo puedes ver sus errores mucho después del hecho, pero otras veces incluso de niño podrías haber escrito un libro sobre el tema de cómo ser padres con fallos.

Todos los padres cometen errores. Puede que desees que los tuyos hubieran sido más comprensivos, más presentes o más cariñosos, más de esto, menos de aquello, o la cantidad justa de algo.

Cuando tú mismo llegas a ser padre, obtienes conocimiento de primera mano de las dificultades por las que pasaron los tuyos cuando estaban tratando de tomar las decisiones «perfectas» sobre la crianza de los hijos... y luego tenían que vivir con sus errores. Tal vez tu experiencia ha creado en tu corazón una nueva compasión por tus padres.

El amor es la mayor necesidad de la humanidad, pero el perdón le sigue de cerca. Nadie es perfecto, por eso Dios creó el perdón.

Padre, Te doy gracias por mis padres, imperfectos como eran.
Gracias por lo que me enseñaron, tanto con sus palabras como
con su ejemplo. Ayúdame a perdonarles sus errores.

AMABLE CON LOS INGRATOS

*Amad, pués, a vuestros enemigos, y haced bien, y prestad, no
esperando de ello nada; y será vuestro galardón grande, y seréis hijos
del Altísimo: porque él es benigno para con los ingratos y malos.*

LUCAS 6:35 RVA

Este versículo perturba a muchos cristianos. Parece que va mucho
más allá de lo que están dispuestos a hacer y lo desechan como poco
realista. Pero Jesús dijo que el amar a tus enemigos es la prueba
de que eres un hijo de Dios. El Padre ama a los ingratos y es bueno
aun con las personas malvadas, y, como hijo suyo, debes imitarlo.

Tal vez te resulte difícil mostrar bondad a los desagradecidos,
y sobre todo a amar a los que hacen el mal y no dan signos de
arrepentimiento. Sin embargo, Jesús, después de explicar la
naturaleza amorosa de Dios en el versículo anterior, añadió:
«Sed, pues, misericordiosos, como también vuestro Padre es
misericordioso» (v. 36).

Él no espera que seas ingenuo acerca de dónde están tus
enemigos, sino que te pide: «vence con el bien el mal» (Romanos
12:21 RVA). Él sabe que esto es difícil de pedir. Por eso promete que
«será vuestro galardón *grande*» por obedecerle.

*Dios, dame esta clase de amor. Ayúdame a desear
de verdad ser como tú, incluso en circunstancias difíciles.
Ayúdame a tener un gran amor por los demás, te lo ruego.*

EL AMOR ECHA FUERA EL TEMOR

*En el amor no hay temor, sino que el perfecto amor echa fuera
el temor; porque el temor lleva en sí castigo. De donde
el que teme, no ha sido perfeccionado en el amor.*

1 JUAN 4:18 RVR1960

En los versículos previos a este, Juan escribió: «Dios es amor; y
el que permanece en amor, permanece en Dios, y Dios en él. En
esto se ha perfeccionado el amor en nosotros, para que tengamos
confianza en el día del juicio» (1 Juan 4:16-17 RVR1960).

En otra parte, Pablo escribió: «Estoy convencido de que ni
la muerte ni la vida [...] ni ninguna otra cosa en toda la creación
podrá separarnos del amor [de] Dios» (Romanos 8:38-39 NVI). Si
estás convencido de que *nada* puede separarte del amor de Dios,
entonces sabes que no tienes nada que temer de él en el día del
juicio.

A veces puede preocuparte el hecho de que no eres lo
suficientemente bueno. Pero ninguno de nosotros merece la
salvación. Todos dependemos totalmente de la misericordia de
Dios. Cuando sabes que Dios te ama más de lo que las palabras
pueden expresar, y que nada puede separarte de su amor, esto echa
fuera toda preocupación y temor.

*Señor, ¡gracias por salvarme con tu increíble amor! ¡Gracias
porque nada puede interponerse entre nosotros! Ayúdame
a conocer estas verdades en lo más hondo de mi corazón.*

HÁGASE TU VOLUNTAD

... estaba cerca de Jerusalén y la gente pensaba que el reino
de Dios iba a manifestarse en cualquier momento.

LUCAS 19:11 NVI

Cuando Dios comienza a guiar, es fácil que llegues a ponerte por delante de él. La *idea* de su voluntad puede convertirse en el objeto de tus esperanzas. En otras palabras, puedes empezar a amar tus expectativas de la voluntad de Dios hasta el punto de dejar de seguirlo para ver a dónde te lleva su voluntad.

Los discípulos a menudo se adelantaban a las cosas, y a veces se desviaban estrepitosamente de la voluntad de Jesús. Cuando Jesús se dirigía a Jerusalén, una aldea samaritana se negó a recibirlo. Santiago y Juan querían que cayera fuego sobre ellos. Pero Jesús dijo:

> *«Vosotros no sabéis de qué espíritu sois; porque*
> *el Hijo del Hombre no ha venido para perder las*
> *almas de los hombres, sino para salvarlas».*
> (Lucas 9:55–56 RVR1960)

¡Eso es estar fuera de onda! Desde luego, no habían prestado atención a Cristo y tuvieron un plan muy opuesto al suyo. Puedes evitar esa mentalidad siguiendo el paso de la voluntad de Dios para tu vida.

Amado Dios, amo tus ideas, pero a menudo no te sigo de cerca,
así que no te veo ponerlas en práctica. Ayúdame a conseguir estar
en sintonía contigo y a mantenerme en ella, te lo ruego.

ACTUAR COMO HOMBRES

Velad, estad firmes en la fe; portaos varonilmente, y esforzaos.
1 CORINTIOS 16:13 RVA

En una carta a la iglesia de Corinto, Pablo les dice que planea pasar por Macedonia antes de visitar Corinto para el invierno (1 Corintios 16:5). Pero, hasta entonces, les da varios mensajes breves.

Luego agrega la amonestación del versículo 13 que aparece arriba. Deben permanecer firmes en la fe y portarse «varonilmente». Cuando se tradujo al inglés antiguo, se usó la palabra «rendirse». ¡Pero significaba lo *contrario*! Significaba «actuar como hombres». En otras palabras, Pablo les estaba diciendo que se mantuvieran firmes y que no se rindieran.

Así es como Matthew Henry describe esta frase en su *Comentario bíblico*: «Actúen de forma varonil, firme y resuelta: compórtense con energía, en oposición a los hombres malos que los dividirán y corromperán [...] muéstrense como hombres en Cristo, por su firmeza, por su sano juicio y su firme resolución».

Considera a los hombres mundanos de tu alrededor. ¿Están tratando de corromperte? Mantente firme frente a ellos, decidido a permanecer fiel a la fe.

Padre nuestro que estás en los cielos, infunde resolución y valor en mi espíritu para ser fuerte en mis convicciones. Ayúdame a defender la verdad y no retroceder.

SERVIR CON UNA SONRISA

Todo lo que te viniere a la mano para hacer, hazlo según tus fuerzas.
ECLESIASTÉS 9:10 RVR1960

El mundo de los negocios se ha apropiado de muchos principios cristianos en lemas como «andar la milla extra». Jesús fue el que dijo: «y a cualquiera que te obligue a llevar carga por una milla, ve con él dos» (Mateo 5:41 RVR1960), pero a veces parece que el comercio ha comprendido mejor que los cristianos el valor de este principio.

En los días de Pablo, había muchos esclavos en el Imperio romano, y les dio el siguiente consejo:

> *Obedezcan en todo a sus amos terrenales, no solo cuando ellos los estén mirando, como si ustedes quisieran ganarse el favor humano [...]. Hagan lo que hagan, trabajen de buena gana, como para el Señor y no como para nadie en este mundo.*
> (Colosenses 3:22–23 NVI)

Puedes trabajar para una empresa que se enorgullece de «servir con una sonrisa». El mensaje que ellos quieren que envíes a los clientes es que no se trata solo de vender, sino que te preocupas genuinamente por ellos. Estos son principios cristianos, por lo que debes practicarlos no solo en el trabajo, sino también en tu vida personal.

Dios, por favor, ayúdame a ser sincero, atento y alegre en el trabajo, a dar un servicio excelente.
Y ayúdame a ser así también en mi vida personal.

EL DÉBIL SE FORTALECE

Pero el Señor me ha dicho: «Mi amor es todo lo que necesitas;
pues mi poder se muestra plenamente en la debilidad».

2 Corintios 12:9 dhh

Hubo un tiempo en que la gente se reunía los sábados por la tarde en su cine local y compraba entradas para ver el último *western*. Todos los vaqueros tenía un arma de fuego y estaban dotados en el arte de valerse por sí solos. Estos hombres hechos a sí mismos se levantaban por sus propios medios y, aunque ofrecían ayuda a otros, no parecían necesitarla para sí.

Los cinéfilos creían erróneamente que la Biblia decía: «Dios ayuda a los que se ayudan a sí mismos». Los hombres no querían molestar a Dios y pensaban que le estaban haciendo un favor guardándose sus problemas para sí. Otros simplemente negaban tener luchas interiores y esperaban a que su suerte mejorara.

La Biblia nunca ha sugerido que lo hagas todo solo. El lema más parecido podría ser que Dios ayuda a aquellos que *piden ayuda*. ¿Para qué necesitarías un Salvador si puedes salvarte a ti mismo? ¿Por qué querrías un Salvador que no fuera lo suficientemente fuerte para ocuparse de tus luchas? Deja que su fuerza compense tu debilidad.

Señor, gracias por las muchas cosas que puedo hacer. Me has
dado muchos dones. También te doy gracias por mis áreas de
debilidad e incapacidad que me hacen recordar que te necesito.

¿INGRATA FIDELIDAD?

Por lo que veo, a nosotros los apóstoles Dios nos ha hecho desfilar
en el último lugar, como a los sentenciados a muerte. Hemos
llegado a ser un espectáculo para todo el universo, tanto para los
ángeles como para los hombres.

1 Corintios 4:9 nvi

¿Cuál es la señal de la bendición de Dios sobre un líder cristiano? Mientras Pablo trataba de corregir las percepciones de la iglesia de Corinto, apeló a la imagen de los prisioneros que eran llevados a morir en la arena a manos de los gladiadores y las fieras.

Pablo argumentó que los apóstoles que fundaron la iglesia no eran oradores talentosos ni individuos respetables que uno pondría en exhibición. Más bien, las personas que hacían el trabajo esencial del ministerio eran las que acababan arrojadas al circo romano por diversión y entretenimiento.

Sin embargo, hay un aspecto alentador en su mensaje: no es necesario ser un maestro sabio, un orador experimentado o un hacedor de milagros espectaculares para compartir el mensaje del evangelio. Dios usa gente sencilla y corriente que se compromete a hacer el trabajo duro del ministerio día tras día. No son famosos ni destacan.

Dios, gran parte de vivir para ti parece un trabajo ingrato. A
menudo las cosas no salen como espero. Pero ayúdame
a mantener mis ojos en la recompensa celestial.

CADA DÍA UN CAMPO DE BATALLA

Así que les digo: Vivan por el Espíritu, y no seguirán los deseos
de la naturaleza pecaminosa. Porque esta desea lo que es
contrario al Espíritu, y el Espíritu desea lo que es contrario a ella.

GÁLATAS 5:16-17 NVI

Para el seguidor de Cristo, no hay día sin batalla. Algunos días es más intensa que otros, pero nunca hay tregua entre el Espíritu y la carne. Se oponen entre sí. El uno es vida y paz, la otra es muerte (Romanos 8:6).

Naces a este conflicto cuando te conviertes en hijo de Dios. Entonces, ¿cómo te preparas para ello? Los gálatas habían recaído regresando a su confianza en el cumplimiento de la ley, que nunca tuvo el poder de ganar esa batalla. La carne siempre fue más fuerte que las reglas y ordenanzas. Lo único que vence contra el deseo es un deseo más fuerte.

Para evitar ponerse del lado de la carne, hay que cultivar un deseo *más fuerte* de caminar con el Espíritu. Caminar por el Espíritu significa que cada día estás creciendo en un mayor deseo de las cosas del Espíritu.

Señor, ayúdame a rendirme a tu Santo Espíritu, a caminar en tu
amor y a buscar agradarte. Ayúdame a vencer mi naturaleza
pecaminosa por tu poder. En el nombre de Jesús te lo ruego.

GRACIAS POR LOS RECUERDOS

Estos confían en carros, y aquellos en caballos; mas nosotros
del nombre de Jehová nuestro Dios tendremos memoria.

SALMOS 20:7 RVR1960

Su nombre era Betty Jo y le encantaba visitar asilos de ancianos. Según ella misma admitía, no sabía cantar, pero lo intentaba. Con su voz rota, Betty Jo parecía hacer milagros. Cantaba himnos, y hombres y mujeres que se habían retirado a un lugar de refugio interno se iluminaban.

Sus cantos les hacían «tener memoria» del nombre del Señor su Dios. La luz llegaba a sus ojos y sus labios comenzaban a moverse. Pronto se escuchaban sus voces y, cuando el canto terminaba, muchos disfrutaban de su visita.

Cuando estás abrumado y sientes falta de inspiración, cuando estás tentado a confiar en tu fuerza o en tu dinero o en tu trabajo duro (los «carros» y «caballos» modernos), es el recuerdo de la fidelidad de Dios lo que cambia tu corazón. Proverbios te dice: «Torre inexpugnable es el nombre del SEÑOR; a ella corren los justos y se ponen a salvo» (Proverbios 18:10 NVI).

Honras mejor a Dios cuando recuerdas su bondad y dejas que eso te inspire, hoy, mañana y por la eternidad.

Señor, despierta mi memoria y reaviva mi fuego por ti.
Ayúdame a recordar tu nombre y todas las cosas
maravillosas que has hecho por mí en años pasados.

OBREROS FIELES Y BENDECIDOS

El que es fiel en lo muy poco, también en lo más es fiel.

<small>LUCAS 16:10 RVA</small>

José fue llevado como esclavo a Egipto, y podría haber lamentado su destino. Pero la ética de trabajo de José se hizo visible:

> *Potifar lo notó y se dio cuenta de que el SEÑOR
> estaba con José, y le daba éxito en todo lo
> que hacía. Eso agradó a Potifar, quien pronto
> nombró a José su asistente personal. Lo puso a
> cargo de toda su casa y de todas sus posesiones.*
> (Génesis 39:3-4 NTV)

José pronto fue ascendido a asistente de Potifar. Finalmente, cuando Potifar se dio cuenta de las *grandes* aptitudes de José, le dio una «completa responsabilidad administrativa» sobre sus bienes.

Jesús contó una parábola sobre un hombre rico que recompensó a dos siervos y les dijo a ambos: «En lo poco has sido fiel; te pondré a cargo de mucho más» (Mateo 25:21 NVI). Sé diligente en los detalles y Dios te bendecirá.

Dios no es el único que recompensa el trabajo diligente y duro. Cuando tus supervisores se den cuenta de que tienes una actitud de trabajo superior, también te promocionarán.

Señor, ayúdame a ser diligente y fiel en mi trabajo, no solo cuando busco un ascenso, sino también cuando pienso que nadie me observa.

MANTENER LA FE

*Baste ya el tiempo pasado para haber hecho lo que agrada a los
gentiles, andando en lascivias, concupiscencias, embriagueces,
orgías, disipación y abominables idolatrías.*

1 PEDRO 4:3 RVR1960

Los judíos que vivían entre los griegos paganos habían adquirido
muchos de sus malos hábitos: lascivia, lujuria, borracheras, juergas,
fiestas e idolatría. Sin embargo, después de hacerse cristianos,
Pedro los llamó a vivir de una manera diferente a la del mundo.

Hace algunos años, una encuesta de George Barna reveló que
«el 61 % de los veinteañeros de hoy en día que había ido a la iglesia
[...] durante sus años de adolescencia está ahora espiritualmente
desconectado», lo que significa que no asisten al culto de adoración,
no leen sus Biblias ni oran. Pero los jóvenes no son los únicos que
se alejan de su fe. Muchos adultos también lo hacen.

En 1 Timoteo 4:1 se advierte que en los últimos tiempos
muchos se apartarán de la fe. Pero no tiene que suceder en tu
familia. Probablemente has pasado ya suficiente parte de tu vida
pasada siguiendo los deseos de la carne, así que, si estás casado,
enséñale a tu familia a evitar estas trampas. Si no lo estás, reúnete
con otros creyentes y anímense unos a otros.

*Dios, ayúdame a ser celoso en mi amor por ti. Y llévame a
hablar con aquellos que están titubeando y se están cansando.
Permíteme animarlos en el día de hoy.*

EL AMOR QUE RESISTE EN LAS PRUEBAS

«Porque me has amado desde antes de la fundación del mundo».
JUAN 17:24 RVR1960

Tal vez pensaste que el hecho de que Dios te ama te garantizaría librarte de la mayoría de las pruebas y sufrimientos. Así que, cuando se presentaron los problemas, puedes haber llegado a la conclusión de que algo habías hecho mal. La oración de Jesús ante su sufrimiento debería quitarte esas ideas.

Jesús estaba seguro de que Dios lo amaba, y de que lo había amado por la eternidad antes de la creación. Así que, aunque se enfrentó a una muerte violenta y dolorosa, Jesús no dudó del amor de su Padre por él. Al comienzo del ministerio de Jesús, el Padre les aseguró, a él y a los presentes, su amor por su Hijo. En su prueba más dura, Jesús regresó a esto. Aunque Dios no lo salvó de la cruz, Jesús se aferró a lo que conocía de su Padre.

Nunca dudes en la oscuridad de lo que Dios te ha mostrado en la luz. La perseverancia espiritual depende en gran parte de que recuerdes cómo Dios ha actuado por ti en el pasado. Confía en que el Dios que estuvo presente entonces estará ahí para ti en el futuro.

Padre amado, tú me amaste antes de que yo viniera a ti,
y demostraste tu amor enviando a Jesús a morir en mi lugar.
Ayúdame a no dudar de estas cosas.

DIOS SE INTERESA LO SUFICIENTE PARA ACTUAR

Pero no es posible agradar a Dios sin tener fe, porque
para acercarse a Dios, uno tiene que creer que existe
y que recompensa a los que lo buscan.

HEBREOS 11:6 DHH

Puedes creer en Dios, pero te falta la fe para creer que él se interesa lo suficiente como para responder a tus oraciones sinceras. Muchos se han decepcionado por no recibir respuesta a las oraciones pasadas y han llegado a creer que Dios no se involucra hoy en día con las personas.

Básicamente creen que Dios ya ha hecho todo lo que va a hacer, y que, de ahora en adelante, la gente debe trabajar duro, aprovechar las oportunidades y cuidarse a sí misma. ¡No es de extrañar que no se molesten en pasar tiempo en oración! Creen que pueden manejar la vida sin la ayuda de Dios.

Sí, Dios espera que trabajes duro para satisfacer tus necesidades, y espera que pienses seriamente en resolver tus problemas, pero aún sigue activo en el mundo. Todavía ayuda a los indefensos. Sí, Dios se interesa. Y sí, él responde a aquellos que lo buscan en serio. Pero tienes que buscarlo continuamente y no rendirte.

Dios, ayúdame a creer no solo que tú estás ahí, sino
que tú estás ahí para mí. Ayúdame a buscarte diligentemente
y a no rendirme cuando no respondes de inmediato.

ESO ESTÁ MUY BIEN

Entonces Dios miró todo lo que había hecho, ¡y vio que era muy bueno!

GÉNESIS 1:31 NTV

Las compañías farmacéuticas gastan millones de dólares para desarrollar nuevos medicamentos, que pueden incluir efectos secundarios desagradables. Dios habló, el mundo se hizo realidad, y era *bueno*. Thomas Edison pasó años tratando de encontrar la manera correcta de hacer una bombilla, pero Dios simplemente dijo: «Que exista la luz», y hubo luz, y era *bueno*.

Un trabajador de la fábrica mezcla productos químicos y colores para producir una flor falsa. Dios hizo flores vivas de todos los colores, tamaños y olores. La Biblia dice que son más hermosas que la ropa que usan los reyes. No es de extrañar que Dios las haya esparcido por toda la tierra.

Todo lo que has hecho, Dios lo hizo mejor. Su extraordinaria imaginación creó aves, peces y animales de todo tipo, montañas de todos los tamaños, ríos y lagos, y una rica variedad de seres humanos. Y, por si eso no fuera lo suficientemente espléndido, Dios formó las estrellas, les puso nombre y las puso en el espacio.

No debería sorprenderte que disfrutes creando cosas nuevas. Después de todo, fuiste hecho a la imagen de Dios, y él *crea*.

Dios, me asombra tu creatividad en la naturaleza, desde las maravillas astronómicas hasta las microscópicas que los científicos continúan descubriendo día tras día.

FE VERDADERA Y RAZONABLE

Estén siempre preparados para responder a todo el que les pida razón de la esperanza que hay en ustedes.

1 PEDRO 3:15 NVI

Muchos cristianos saben poco acerca de su fe. Si se les pide que expliquen por qué creen en Jesús, no saben qué responder. En realidad, no han pensado mucho en ello.

Sin embargo, esa misma persona puede pensar con *mucho* detenimiento en sus planes de negocio. Después de todo, hay mucho dinero que depende de que tengan razón. Sin embargo, mucho *más* depende de si su fe es verdadera o no. Y el cristianismo puede resistir un escrutinio minucioso.

Cuando un gobernador romano protestó que Pablo estaba loco por creer en Jesús, él respondió: «No estoy loco [...] lo que digo es cierto y sensato» (Hechos 26:25 NVI). La fe cristiana no solo es verdadera, sino que también tiene sentido.

Si estás demasiado ocupado para estudiar el asunto tú solo, aprovecha los recursos disponibles: libros de escritores como Josh McDowell y Lee Strobel. Investiga tu fe. Entonces podrás ser un testigo más eficaz para Jesús.

Dios, ayúdame a aprender sobre los fundamentos de mi fe.
Y ayúdame a saber cómo explicarles lo que creo a los demás.
En el nombre de Jesús te lo pido.

BASTA DE FINGIR

Por lo tanto, ya no mientan más, sino diga cada uno la verdad a
su prójimo, porque todos somos miembros de un mismo cuerpo.

EFESIOS 4:25 DHH

Tal vez digas que todo te va bien cuando en realidad deberías
pedir oración. O quizás asientes con la cabeza durante una
predicación, aunque no estás totalmente de acuerdo. O tal vez
oras en compañía de otros, aunque tu vida privada de oración
es casi inexistente.

En el versículo anterior, Pablo está llamando a dejar de fingir.
No está diciendo necesariamente que debas llevar tu corazón
siempre abierto de par en par, o que debas manifestar tu desacuerdo
en voz alta en la iglesia. Lo que *dice* es que fingir tiene un precio.
Cuando nos engañamos unos a otros, no solo dañamos el cuerpo,
sino que acabamos engañándonos a nosotros mismos.

Piensa en la iglesia a la que asistes. ¿Alguna vez ves que
los demás fingen? ¿Cómo afecta esto a tu relación con ellos? Si
puedes ver eso en *los demás*, probablemente ellos puedan verlo
en *ti*. Decide decir la verdad, consciente de que esto hará que las
relaciones sean más sanas y auténticas.

Amado Dios, ayúdame a no esconder la apatía espiritual
bajo una fachada cristiana. Ayúdame a ser honesto.
No desagradable y antipático, pero sí honesto.

LA ÚNICA MANERA DE VENCER AL PECADO

Por eso les digo: dejen que el Espíritu Santo los guíe
en la vida. Entonces no se dejarán llevar por los impulsos
de la naturaleza pecaminosa.

GÁLATAS 5:16 NTV

La disciplina, la acción intencional y la rendición de cuentas son cosas buenas que pueden ayudarte a superar tus deseos pecaminosos. No puedes vivir como discípulo fiel por accidente. Sin embargo, la única manera de vencer de manera consistente al pecado es rindiéndose al Espíritu Santo. Así empezarás a reconocer el poder de tus deseos carnales y tu incapacidad para superarlos.

El «yo» no se desvanecerá si lo niegas. Tus deseos son demasiado poderosos, y tú solo puedes aprender acerca de las consecuencias del pecado. En cierto punto, necesitas una guía para redirigir tus deseos hacia la presencia y el poder de Dios.

Curiosamente, la única manera de vencer el pecado es dejar de luchar contra él. No serás moldeado como un hombre de Dios por lo que niegas, sino por a quién te rindes. Al rendir tu voluntad a Dios, tendrás un nuevo anhelo de su presencia y descubrirás que te estás convirtiendo en una persona renovada.

Señor, ayúdame a dejar de esforzarme tanto con mis propias
fuerzas. Ayúdame en cambio a ceder ante ti.
Dame un profundo amor por ti y un deseo de obedecerte.

ARDER CON FUEGO SANTO

Se decían el uno al otro:
—¿No ardía nuestro corazón mientras conversaba con nosotros
en el camino y nos explicaba las Escrituras?

Lucas 24:32 nvi

El día de la resurrección de Jesús, dos de sus seguidores dejaron Jerusalén para dirigirse a la ciudad cercana de Emaús. Estaban abrumados por la muerte de Jesús unos días antes, y perturbados por algunas mujeres que contaron que su cuerpo había desaparecido de la tumba. Entonces el Cristo resucitado se unió a ellos en su camino, «pero no lo reconocieron» (Lucas 24:16 nvi).

Le expresaron su desilusión a Jesús, que reprendió suavemente su falta de fe (Lucas 24:25) y luego les abrió las Escrituras.

> *Entonces, comenzando por Moisés y por*
> *todos los profetas, les explicó lo que*
> *se refería a él en todas las Escrituras.*
> (Lucas 24:27 nvi)

Imagínate que el Autor de los escritos sagrados te explicara todo acerca de su Palabra. Pero, aun así, solo cuando Cristo se reveló a sí mismo se abrieron sus ojos espirituales (Lucas 24:30-31). Hoy eres tú quien anda por el camino de Emaús cada vez que confías en que el Espíritu Santo se te revele más (Juan 14:26).

Dios, te doy gracias por las veces en que he tenido
una profunda comunión contigo y me abriste tu Palabra.

LAS RELACIONES ANTES QUE LA CARRERA

*«¿De qué le sirve al hombre ganar el mundo entero, si pierde
la vida? ¿O cuánto podrá pagar el hombre por su vida?».*
MATEO 16:26 DHH

◆ ◆ ◆

Una de las responsabilidades que un hombre puede asumir con mayor facilidad es el cuidado financiero de su familia. ¿Fácil? Sí. Porque los hombres somos propensos a la adicción al trabajo. Cuando te dicen que proveas para tu familia, lo haces enfocando tu tiempo, talento y energía para convertir tu ética de trabajo en dinero.

David, Samuel y Elí eran hombres piadosos que tenían luchas con prestar atención a sus hijos porque el trabajo siempre venía antes que el papel de padre. Ganar dinero es a menudo la parte fácil. Ser padre es mucho más difícil porque requiere una inversión emocional. Es más fácil ganarse la vida que ser padre. Es más fácil trabajar que escuchar las luchas de tus hijos.

Puesto que Dios es tu Padre, puedes aprender de él. Él siempre está accesible, escuchando y entendiendo tus luchas lo suficiente como para ofrecerte el consejo perfecto.

Nunca sacrifiques a tu familia en el altar de los logros personales. Se puede tener riqueza *y* una familia unida, pero las relaciones reales deben estar por encima de todo lo demás.

---

*Amado Padre celestial, ayúdame a no descuidar
el tiempo que dedico a estar con mis hijos, nutrirlos,
prestarles atención, corregirlos y reír con ellos.*

PELEEN COMO HOMBRES

*Manténganse despiertos y firmes en la fe. Tengan mucho valor
y firmeza. Y todo lo que hagan, háganlo con amor.*
1 CORINTIOS 16:13-14 DHH

¿Te enfrentas a un enemigo agresivo en algún momento de tu vida?
¿Está uno de tus hijos pasando por una crisis que exige mucho
tiempo? ¿Los problemas financieros te ponen en riesgo de perder tu
casa? Estos y muchos otros desafíos muestran de qué estás hecho.

Cuando Nehemías y sus hombres estaban rodeados de
enemigos, los alentó, diciendo: «¡Recuerden al SEÑOR, quien es
grande y glorioso, y luchen por sus hermanos, sus hijos, sus hijas,
sus esposas y sus casas!» (Nehemías 4:14 NTV).

A veces, los problemas siguen y siguen y se convierten en
amenazas graves. Entonces pueden parecer tan abrumadores que
te dan ganas de alzar las manos en desesperación. Pero es entonces
cuando necesitas ser firme. Ten valor y no te rindas.

Vale la pena luchar por ciertas cosas y darlo todo. Así es
como se ganan las batallas y se resiste a los ataques del enemigo.

¡Señor, ayúdame a ser fuerte y darlo todo!
Ayúdame a ser firme y no ceder a la desesperación.
Dame la convicción de que vale la pena luchar por estas cosas.

EL CANDIDATO ADECUADO

Al que es orgulloso se le humilla,
pero al que es humilde se le honra.

PROVERBIOS 29:23 DHH

Si pasas tiempo en la Palabra de Dios, notarás que los hombres que Dios usó nunca parecían estar listos para el trabajo que se les pidió que hicieran. Eran inadaptados, temerosos, impulsivos, extraños y pecadores, a menudo los candidatos menos ideales para hacer algo por Dios. Estos hombres eran totalmente normales, ordinarios, y quizás los últimos a los que elegirías para formar equipo.

¿Alguna vez te sientes mediocre o por debajo de la media? Entonces podrías ser justo el candidato que Dios puede usar para hacer algo increíble. Dios nunca quiso hombres que *supieran* que podían hacer algo grande. A él le gusta usar a hombres que saben que necesitan *su* ayuda.

Dios puede dejar a un lado a los que se creen que es afortunado por tenerlos como parte de su equipo.

Dios ve el orgullo como una barrera para la utilidad. Así que, cuando te sientes un poco incapaz, fuera de tu entorno o falto de las habilidades que Dios podría necesitar, no deberías sorprenderte si él te da algo que solo tú puedes hacer, con su ayuda.

Dios, me siento muy insuficiente para un trabajo al que he sido llamado. Ayúdame y anímame en esto. Y perdóname por las veces que pensé que yo era tu regalo para el mundo.

EL EQUIPO

El hierro se afila con hierro, y el hombre con otro hombre.
PROVERBIOS 27:17 DHH

Todo en la vida tiene un propósito, y todo propósito necesita un equipo. Por ejemplo, si estás jugando béisbol, necesitarás ojos para ver la pelota, brazos para mover el bate, piernas para recorrer las bases y músculos para hacerlo todo con precisión, y eso es solo una parte del equipo. Ni siquiera has mencionado la cabeza y los hombros, las rodillas y los pies. El equipo que Jesús tuvo en los últimos tres años de su vida recibió el nombre de *los discípulos.* Los doce hombres de este equipo trabajaban, comían y aprendían juntos. Se convertirían en el núcleo de la iglesia del siglo primero.

Como varón y cristiano, necesitas el aliento de otros varones cristianos. Esto puede venir a través del estudio bíblico, personas ante las que rendir cuentas y actos de servicio a los demás. Cada uno de ustedes tiene un lugar en el cuerpo de Cristo. Cada uno de ustedes tiene un trabajo para el que fue creado. Cada uno de ustedes necesita reconocer las contribuciones de los demás. Asegúrate de afilar a los que te rodean y deja que ellos te afilen para que puedan formar el equipo más efectivo para Cristo.

Dios, ayúdame a trabajar bien con quienes están en mi equipo.
Ayúdame a cumplir mi parte, por humilde o insignificante que sea.
Y haz que yo sea un estímulo para los demás.

¿QUIÉN SE LLEVA EL MÉRITO?

Líbrame, Dios mío, de manos de los impíos, del poder de los malvados y violentos. Tú, Soberano Señor, has sido mi esperanza; en ti he confiado desde mi juventud. De ti he dependido desde que nací [...]. ¡Por siempre te alabaré!

SALMOS 71:4-6 NVI

El salmista dijo que su alabanza siempre sería al Señor, que era su fuerza. ¿Quién se lleva el mérito en tu vida? Es fácil involucrarte en tus propios planes, talentos y preocupaciones, pero ¿confías en Dios para que te guíe? ¿Estás dependiendo de él para satisfacer tus necesidades, para fortalecerte para servir a otros, y para ayudarte a cumplir tu trabajo?

La cita anterior muestra que Dios puede apoyarte y fortalecerte. No tienes que depender de tu propia disciplina, fuerza de voluntad o planes. Cuando hay problemas, puedes pedirle ayuda a Dios. Incluso si has estado distante o has dependido de ti mismo, puedes regresar a él. Dios quiere que dependas de él y no te dejará si pones tu mano en la suya.

¡Señor, clamo a ti! Ayúdame hoy.
Dame fuerza y sabiduría. Guíame.
Te pido todo esto en el nombre de tu Hijo Jesús. Amén.

BIEN AFILADO

Si se embotare el hierro, y su filo no fuere amolado,
hay que añadir entonces más fuerza;
pero la sabiduría es provechosa para dirigir.
ECLESIASTÉS 10:10 RVR1960

Si alguna vez has intentado cortar un árbol con un hacha en lugar de con una motosierra, ya sabes cuánto puede costar. Y, si alguna vez has intentado hacerlo con un hacha *sin* afilar, sabes que es casi imposible. Si no afilas el hacha de antemano, te agotarás.

¿Qué te dice este proverbio? ¿En qué te has agotado al hacer más y más esfuerzo para muy poco resultado?

¿Tu trabajo te deja agotado? ¿Necesitas más educación o capacitación para ver resultados? En las relaciones, ¿estás siempre frustrado? ¿Afilar el hacha significa para ti prestar más atención a los demás? ¿Ser más paciente? ¿Qué imagen tienes del éxito en tu vida personal? ¿Qué objetivos has tenido por años sin resultados reales? ¿Tener un presupuesto? ¿Compartir tu fe?

El desafío de este proverbio es identificar en qué te estás agotando y dedicar tiempo a buscar la sabiduría de Dios. Él da sabiduría a todos los que la piden (Santiago 1:5).

Padre, dame hoy la sabiduría de tu Espíritu, te lo ruego.
Dame un conocimiento claro de dónde estoy
para poder buscar formas de mejorar.

¿QUÉ VAS A CELEBRAR?

Este es el día que hizo el Señor;
nos gozaremos y alegraremos en él.

SALMOS 118:24 NTV

Si pudieras organizar personalmente cualquier fiesta, ¿qué celebrarías? Si quieres regocijarte por las buenas calificaciones de tus hijos, ese podría ser un buen día. Lo mismo se aplica a recordar la primera vez que leíste toda la Biblia, le propusiste matrimonio a tu esposa, probaste la coliflor o superaste un mal hábito.

Podrías usar el día para celebrar algo bueno que le ha pasado a alguien que conoces. Tal vez podrías dejar que tus hijos decidan qué celebrar. (Estás obligado a aprender algo). Elige razones importantes y nimias para celebrar.

Tal vez sería suficiente con deleitarte en el día de hoy de la misma manera en que lo haces los demás días. Dios lo ha creado y esa es la mejor razón para alegrarse.

Incluso tendría sentido esperar hasta que el día termine y nombrar este día por las maneras concretas en las que viste a Dios obrar en tu familia. ¡No hay una manera errónea de hacerlo, siempre y cuando estés lleno de gratitud y alabanza por lo que él ha hecho!

Dios, gracias por este día. Que pueda disfrutarlo y encontrar
razones para alabarte cuando termine. Ayúdame a adorarte, a
dar fruto y a estar agradecido.

ENRIQUECERSE A LA MANERA DE DIOS

El dinero mal habido pronto se acaba;
quien ahorra, poco a poco se enriquece.

PROVERBIOS 13:11 NVI

Según muchas personas, la manera de salir adelante es poner datos falsos en la declaración de impuestos, cobrar más de la cuenta por bienes o servicios y recortar el gasto en calidad. Pero la gente se entera si eres deshonesto, y tu negocio lo sufrirá.

El camino de Dios hacia la prosperidad financiera consiste en ganar dinero con honestidad y paciencia y guardarlo en una cuenta de ahorros. Si comienzas lo suficientemente pronto, con el tiempo ganarás intereses. No hay atajos ni mapas que lleven al tesoro del pirata ni duendes que te guíen a un caldero de oro.

Salomón señaló la mejor manera de ahorrar para la jubilación: «Aprende una lección de las hormigas [...]. ¡Aprende de lo que hacen y hazte sabio! A pesar de que no tienen príncipe ni gobernador ni líder que las haga trabajar, se esfuerzan todo el verano, juntando alimento para el invierno» (Proverbios 6:6-8 NTV). Ser fiel día tras día es la mejor manera de tener éxito al construir tu vida exitosa, tu carrera y tu cuenta de ahorros.

Amado Dios, ayúdame a encontrar maneras de ahorrar dinero,
aunque a veces parezca que no tengo nada para ahorrar.
Provee el dinero, por favor, y ayúdame a manejarlo sabiamente.

FIRME EN LA BRECHA

*Y busqué entre ellos hombre que hiciese vallado
y que se pusiese en la brecha delante de mí, a favor
de la tierra, para que yo no la destruyese; y no lo hallé.*

EZEQUIEL 22:30 RVR1960

Cuando Dios comisionó a Ezequiel para que hiciera una crónica de los pecados de Jerusalén, Ezequiel enumeró asesinatos, idolatría, deshonra a los padres, opresión a los extranjeros, maltrato a los huérfanos y a las viudas, soborno, extorsión y violaciones de la ley de Dios. Jerusalén se había convertido en un antro de iniquidad.

El pecado causa grandes grietas en las defensas espirituales de un pueblo, y el enemigo de sus almas puede entonces entrar y destruir esa nación. Así que Dios busca a un hombre que esté en la brecha, en oración, para evitar que sea destruida. Por desgracia, en este caso no encontró a nadie. El pueblo estaba atrapado en el pecado y no había ningún hombre piadoso orando por ellos.

Las naciones caen en la medida que el pueblo cae atrapado en malos hábitos. El alejamiento puede ser tan sutil que no reconoces que está sucediendo. Una cesión aquí y otra allá, y antes de darte cuenta has perdido tu ciudad. Dios está buscando hombres que estén en la brecha para interceder por su nación. ¿Serás tú uno?

*Señor, Samuel dijo que estaría pecando si dejaba de orar
por su pueblo (1 Samuel 12:23). Ayúdame a orar con fervor
y fidelidad por mi país. Ten piedad, ¡oh Dios!*

CONFÍA MÁS EN ÉL

Cuando tengo miedo, confío en ti. Confío en Dios
y alabo su palabra; confío en Dios y no tengo miedo.
¿Qué me puede hacer el hombre?

SALMOS 56:3-4 DHH

Sobrevivimos en un mundo de promesas rotas. Puedes reaccionar ante esto construyendo muros, guardándote las cosas para ti y no creyendo a nadie que diga: «Confía en mí».

Dios te anima a que confíes en él. Él provee el aire que respiras y el sol que disfrutas. De hecho, él lo sustenta todo en su creación (Colosenses 1:17), incluso a ti mismo, «puesto que en él vivimos, nos movemos y existimos» (Hechos 17:28 NVI).

Aún puedes dudar y decir: «No estoy seguro de poder confiar en él». Dios es alguien superior y diferente a los seres humanos. Y siempre cumple sus promesas (Números 23:19). Cuanto más confías en Dios, más digno de confianza lo encuentras. Cuanto más confías en su amor, menos temes. Cuanto más confías en el Señor, menos inquietante se presenta la vida.

Cuando es difícil confiar en los demás, es el momento perfecto para confiar en Dios.

Padre amado, normalmente no veo cómo obras, pero sé
que tú me cuidas, me proteges y provees para mis necesidades.
Ayúdame a confiar más en ti, te lo ruego.

GUARDA SUS MANDAMIENTOS

«Si me amáis, guardad mis mandamientos».
JUAN 14:15 RVR1960

¿Te preguntas a veces si tu fe es genuina, si realmente *conoces* a Dios? Muchos cristianos se lo preguntan. La Biblia aconseja incluso: «Examinaos a vosotros mismos si estáis en la fe; probaos a vosotros mismos» (2 Corintios 13:5 RVR1960).

¿Y *cómo* te examinas? El apóstol Juan propuso una prueba de fuego muy simple. Él escribió: «Y en esto sabemos que nosotros le conocemos, si guardamos sus mandamientos» (1 Juan 2:3 RVR1960).

Pero, ¿cuáles son los mandamientos más importantes? Según Mateo 22:36-39, los dos mandamientos más grandes son amar a Dios con todo tu corazón y amar a los demás como a ti mismo. Juan también dijo: «Y este es su mandamiento: Que creamos en el nombre de su Hijo Jesucristo, y nos amemos unos a otros como nos lo ha mandado» (1 Juan 3:23 RVR1960).

Es absolutamente fundamental amar a Dios y a su Hijo, y amar genuinamente al prójimo. Si tienes esta base donde debes tenerla, puedes estar seguro de que tu fe es genuina, y también estarás seguro de crecer como cristiano.

Dios, ayúdame a amarte con todo mi corazón
y a amar sinceramente a los demás. Ayúdame a estar
tan cerca de ti que no dude de que me has salvado.
En el nombre de Jesús te lo ruego.

VERTE COMO ES DEBIDO

... él conoce nuestra condición; sabe que somos de barro.

SALMOS 103:14 NVI

Como tu Creador que es, Dios sabe que fuiste hecho del polvo de la tierra (Génesis 2:7). Sabe que eres una «vasija de barro» (2 Corintios 4:7 NVI), una mera «niebla, que aparece por un momento y luego se desvanece» (Santiago 4:14 NVI). Dios sabe que tu poder es limitado... aun cuando tú lo olvides.

Y con frecuencia lo olvidas. Es fácil pensar demasiado en ti mismo y depender de tus propias fuerzas de una manera que no es propia del polvo. El orgullo puede decirte que eres invencible y poderoso, pero Dios sabe la verdad. Afortunadamente, él siente compasión cuando ve tu vulnerabilidad (Salmos 103:13-14). Y, como es un buen Padre, pacientemente te disciplina (Hebreos 12:9).

Mientras tú quizás pasas tu tiempo haciendo grandes planes, Dios pasa el suyo haciendo grandes hijos. Él siempre dará prioridad a tu carácter por encima de tu éxito. Pídele que abra tus ojos a tus propias limitaciones, que te permitan seguir apoyado en él.

Dios, soy muy consciente de mis limitaciones. Te pido que no me dejes estar orgulloso de mis logros. Quiero apoyarme en ti y contar contigo para que hagas los milagros que necesito.

SIGUIENTE PREGUNTA

«Pidan, y Dios les dará; busquen, y encontrarán;
llamen a la puerta, y se les abrirá».

MATEO 7:7 DHH

Es fácil pensar que Dios puede hacer preguntas y tú no. Sin embargo, la Biblia está llena de preguntas, y la mayoría provienen de personas que solo querían entender a Dios un poco mejor.

Algunas tenían respuestas obvias, mientras que otras eran más difíciles. Algunas venían de una situación de mucho dolor, mientras que otras se utilizaban para hacer aclaraciones. Se hicieron algunas preguntas para tratar de atrapar a Jesús, mientras él formulaba otras que hacían pensar a sus oyentes.

Es natural tener preguntas, es normal querer aprender y es bueno obtener respuesta. Dios no se incomoda con tus preguntas. Conocer a Jesús no está solo al alcance de algunos, sino de todo el que se acerque a él (Santiago 4:8). Pero, una vez recibida tu respuesta, prepárate para cambiar tu modo de pensar, responder y vivir.

Si la oración y la lectura de la Biblia son la manera en que hablas con Dios, entonces las preguntas deben ser parte del diálogo. No te sorprendas si hay veces en que él te hace preguntas a ti. A Dios también le gustan las respuestas.

Dios, he tenido algunas preguntas por años, pero he tenido
miedo de hacerlas. Dame el valor de preguntar, esperando
que tú tengas las respuestas.

CONFIAR EN QUE DIOS ACTÚA

Pon tu esperanza en el Señor; ten valor, cobra ánimo;
¡pon tu esperanza en el Señor!

SALMOS 27:14 NVI

Habrá momentos en los que serás incapaz de cambiar una situación desesperada. Entonces debes esperar a que Dios actúe. A menudo, se necesita mucha fe para creer que él está contigo. Puede parecer que te ha dado la espalda. Isaías dijo: «Esperaré, pues, a Jehová, el cual escondió su rostro de la casa de Jacob, y en él confiaré» (Isaías 8,17 RVR1960).

Si has desobedecido al Señor, probablemente él *ha* apartado su rostro y no está escuchando tus oraciones (ver Isaías 59:1-2). Pero, si te has arrepentido, puedes confiar en que Dios te ama y actuará.

Podrías estar pasando por un tiempo de pruebas como Job, quien estuvo convencido por varios meses de que Dios estaba contra él. Durante períodos así, debes confiar en la Palabra de Dios y creer que «la misericordia de Jehová [es] desde el siglo y hasta el siglo sobre los que le temen, y su justicia sobre los hijos de los hijos» (Salmos 103:17 RVA). Dios es bueno y a su tiempo acudirá en tu ayuda.

Padre amado, me arrepiento de los pecados que se han
interpuesto entre nosotros. ¡Vuelve tu rostro hacia mí,
oh Señor! Dame la fe para creer que me amas,
y la paciencia para esperar a que actúes.

JESUCRISTO ES MAYOR

*En estos días finales nos ha hablado por medio de su Hijo. A este
lo designó heredero de todo, y por medio de él hizo el universo.*

HEBREOS 1:2 NVI

Cuanto más adores a Jesucristo, más grande será a tus ojos.

C. S. Lewis retrata la experiencia del cristiano en el libro
segundo de las Crónicas de Narnia. Lucy ve al león Aslan —una
figura de Cristo— brillando blanco y enorme a la luz de la luna.
Cuando ella comenta que lo ve más grande, Aslan responde: «No
lo soy. Pero cada año que crezcas, me encontrarás más grande».

En Hebreos 1:2-3, Jesucristo es honrado (hecho más grande)
en cuatro aspectos en relación con Dios Padre. Consideremos
dos de ellos.

1. **Como el Hijo único de Dios.** Al poner tu confianza en
   Cristo, te conviertes en un hijo de Dios, su hijo, parte de
   su familia. Pero solo Jesús es Dios Hijo.
2. **Como heredero de Dios.** Dios lo ha nombrado «heredero de
   todo». Ese todo significa que *tú* eres parte de su herencia,
   ahora y para siempre.

¡No es de extrañar que lo adores y cantes sus alabanzas!

---

*Jesús, cuanto más te conozco, más grande te concibo.
Te adoro como Hijo unigénito de Dios, que hizo
todas las cosas y a quien pertenecen todas las cosas.*

JESUCRISTO ES PLENAMENTE DIOS

El Hijo es el resplandor de la gloria de Dios,
la fiel imagen de lo que él es.

HEBREOS 1:3 NVI

Jesucristo era Dios entrando de lleno en la humanidad, siendo concebido de manera sobrenatural, formado naturalmente en el vientre de su madre, y nacido en circunstancias humildes.

En Hebreos 1:2-3, Dios el Hijo es honrado de cuatro maneras en relación con Dios el Padre. Consideremos la tercera y la cuarta.

3. Como la manifestación de Dios. Jesús es «el resplandor de la gloria de Dios». La frase habla de una avalancha de luz resplandeciente. La palabra *resplandor* significa brillo, no reflejo.

Así como el resplandor del sol es inseparable del sol mismo, así el resplandor del Hijo es inseparable de la Deidad.

4. Como el que revela a Dios. La frase «la fiel imagen de lo que él es» reitera que Jesucristo es plenamente Dios, igual, pero distinto, a Dios Padre.

Un encuentro con el Hijo de Dios es suficiente para cambiar a alguien para siempre. ¿Cuál fue tu experiencia más profunda con él?

Jesús, tú eres Dios, ¡y yo te adoro! Gracias por revelarte en tu Palabra y por darme una revelación personal de quién eres.

LA PALABRA QUE MORA EN TI

La palabra de Cristo more en abundancia en vosotros.

COLOSENSES 3:16 RVR1960

«Cuando descubrí tus palabras las devoré; son mi gozo y la delicia de mi corazón» (Jeremías 15:16 NTV). ¿Cómo puedes *comer* la Palabra de Dios? Lo haces tomándola en tu corazón, meditándola, absorbiéndola y permitiendo que te dé vida. Así como debes masticar, tragar y digerir alimentos naturales, así también debes tomar la Palabra de Dios en tu ser.

Pablo escribió que debes ser «nutrido con las palabras de la fe y de la buena doctrina que has seguido» (1 Timoteo 4:6 RVR1960). Permites que la palabra de Cristo te nutra cuando dedicas tiempo a leerla. Esto puede resultar difícil en el ajetreado mundo de hoy. Puede que tengas tanto que hacer que sientas que no tienes tiempo.

Pero no leer la Biblia es como no comer con regularidad: puede que no pagues las consecuencias por un tiempo, pero al final las pagarás. Te sentirás débil. Así que sírvete una comida de las Escrituras hoy.

Amado Dios, ayúdame a devorar con anhelo tu Palabra.
Ayúdame a comprender que no puedo sobrevivir sin ella,
ni prosperar o crecer espiritualmente.
En el nombre de Jesús te lo pido.

DIOS MIRA EL CORAZÓN

«No te dejes impresionar por su apariencia ni por su estatura,
pues yo lo he rechazado. La gente se fija en las apariencias,
pero yo me fijo en el corazón».

1 SAMUEL 16:7 NVI

¿Cómo es un rey? Si hubieras hecho esa pregunta en los días de David, habrías escuchado mucho acerca de la apariencia personal: altura, constitución muscular e incluso tono de voz. Hasta el profeta Samuel cometió el error de confundir el porte real con la aptitud. Tú también puedes dar por sentado que la persona que tiene el aspecto adecuado es la mejor cualificada.

Dios, sin embargo, mira al corazón. No deberías pasar por alto la posibilidad de que este pasaje se aplique también a ti. Si sientes un llamado potencial para servir en un lugar o con una capacidad que te parece más allá de tus posibilidades, Dios puede estar llamándote a dar un paso fe.

Un corazón orientado hacia Dios puede lograr mucho más que la sabiduría y la experiencia. Si te sientes poco cualificado para el llamado de Dios, estás en muy buena compañía. De hecho, Dios se deleita particularmente en usar a los que se consideran «no cualificados» para bendecir a otros.

Señor, no dejes que juzgue a las personas, ni siquiera a mí mismo,
por criterios externos. Quiero mirar a ti para que me muestres
qué persona o solución será la mejor.

LA FUENTE DE LA SABIDURÍA

Si a alguno de ustedes le falta sabiduría, pídasela a Dios, y él se la dará, pues Dios da a todos generosamente sin menospreciar a nadie.

SANTIAGO 1:5 NVI

La sabiduría se equipara a menudo con el número de arrugas en la cara de un hombre. Pero la sabiduría procede de otro lugar que no es el tiempo. La sabiduría viene más a menudo de aceptar la Palabra de Dios como verdad y vivir conforme a ella. Proverbios 1:7 (NVI) afirma: «El temor del SEÑOR es el principio del conocimiento».

Con demasiada frecuencia piensas que te haces sabio al vivir con dificultades y aprender una lección de ellas. Esa es una buena fuente de sentido común —y parte de la razón por la que los mayores tienen tantos buenos consejos que compartir—, pero la verdadera sabiduría de Dios ofrece un sentido *poco común*, instrucciones inspiradas por el Creador mismo sobre la mejor manera de vivir y honrarlo en su mundo.

Tal vez aquellos que dices que son «más sabios de lo que indica su edad» simplemente han pasado más tiempo aprendiendo sabiduría de su verdadera fuente. No dejes que la edad te engañe. La sabiduría está al alcance de todos, y la sabiduría divina sobrepasa a la sabiduría terrenal de cualquier persona que conozcas.

Señor, te pido sabiduría para lidiar con los problemas de la vida. Tú dijiste que solo tenía que pedirla, así que te la estoy pidiendo. Ayúdame a reconocer tu sabiduría cuando llegue.

LLORAR Y REÍR

Para todas las cosas hay sazón, y todo lo que se quiere debajo
del cielo, tiene su tiempo [...]. Tiempo de llorar, y tiempo de reír.
ECLESIASTÉS 3:1, 4 RVA

⬡ ⬡ ⬡

Al mirar a lo largo de la Biblia, se ve una y otra vez que los hombres de Dios no tenían miedo de mostrar sus emociones. Desde Jacob y Esaú llorando al abrazarse hasta el rey David llorando públicamente a Absalón, su hijo, los hombres de la Biblia lloraban con frecuencia.

Y con la misma frecuencia se reían. Incluso tenían un proverbio: «Por el placer se *hace* el convite» (Eclesiastés 10:19 RVA, énfasis añadido), por lo que esperaban con impaciencia los momentos en que pudieran desinhibirse y reír. Durante el curso de tu vida, puedes esperar tanto tristeza como alegría, momentos que pueden hacer llorar a un hombre adulto, así como otros que causan risa.

Muchos hombres desean *no* tener más que momentos felices, una «vida abundante» en la que nunca experimenten estrés, penurias o tristeza. Pero esta es una expectativa poco realista. Gracias a Dios por los tiempos felices. Disfrútalos al máximo. Sin embargo, has de saber que también experimentarás momentos de tristeza, pero recuerda que no tendrás que atravesarlos solo.

Dios, gracias por las ocasiones felices, los momentos divertidos
y los momentos de relajación con la familia y los amigos.
Ayúdame también en los momentos tristes y en las penas.

EL PROPÓSITO DE DIOS PARA LAS PRUEBAS

Hermanos míos, considérense muy dichosos cuando tengan que enfrentarse con diversas pruebas, pues ya saben que la prueba de su fe produce constancia.

<small>SANTIAGO 1:2-3 NVI</small>

Albert Einstein hizo una aguda observación sobre cómo lidiar con las dificultades de la vida cuando dijo: «La adversidad le presenta a un hombre a sí mismo». Cuando la vida pone dificultades en tu camino, ves dónde estás realmente en tu caminar con Dios.

El Señor nunca le prometió a su pueblo un viaje fácil. De hecho, la Biblia dice muy claramente, en muchos pasajes, que las pruebas, las tormentas y el sufrimiento serán parte de la vida de cada creyente. Si no lo crees, mira las vidas de los apóstoles, los hombres que Jesús escogió para llevar su mensaje de salvación al mundo. Casi todos ellos fueron encarcelados, golpeados e incluso martirizados.

Dios tampoco te convierte de forma automática en una persona paciente cuando eres salvo, y tampoco te convierte al instante en una persona de gran perseverancia. En realidad, él usa un proceso en el cual las pruebas de tu vida te fortalecen y te hacen el hombre paciente y perseverante que él quiere que seas.

Amado Dios, ayúdame a ser paciente y a perseverar a pesar de las dificultades. Tiendo a ser impaciente, propenso a rendirme. Ayúdame. Fortaléceme, oh Dios, ¡te lo ruego!

¿QUIÉN CUIDA DE MÍ?

Señor, yo sé que el hombre no es dueño de su vida,
que no tiene dominio sobre su destino.

JEREMÍAS 10:23 DHH

Los seres humanos somos propensos a errar, equivocarnos y acabar derrotados. La primera pareja de la tierra tenía reglas muy simples que seguir. Sin embargo, no tuvieron problemas para pensar que Dios se estaba guardando lo mejor para sí mismo y que seguirlo no era lo que más les convenía.

Probablemente no eres diferente. Puede que sientas que Dios no te entiende. Quizás crees que él te niega algo que deseas.

Dios te diseñó para que aceptaras su plan y propósito, pero, debido al pecado, tu inclinación natural es preocuparte por ti mismo. Se puede estar convencido de que las cosas, la fama y el dinero proporcionan un camino hacia la satisfacción deseada, pero no es así. En realidad, la búsqueda egocéntrica de estas cosas te aleja de Dios, el único que puede satisfacerte verdaderamente.

Un estilo de vida enfocado en uno mismo lleva a menudo a malentendidos, a la mala aplicación de lo que se aprende y a viajes equivocados a lugares que Dios ha señalizado con ¡No PASAR! ¿En qué aspectos de la vida solo te has preocupado por ti mismo?

Señor, ayúdame a confiar en ti, a estar convencido de que
tú no me estás negando nada, sino que desarrollarás tu plan
en mi vida a su debido tiempo.

NO PIERDAS TU CORONA

«Aférrate a lo que tienes, para que nadie te quite tu corona».
APOCALIPSIS 3:11 NTV

Santiago dijo: «Bienaventurado el varón que soporta la tentación; porque cuando haya resistido la prueba, recibirá la corona de vida, que Dios ha prometido a los que le aman» (Santiago 1:12 RVR1960). Esta corona simboliza su salvación y es un regalo de Dios para ti.

En otra parte, dice Pedro: «ustedes recibirán la inmarcesible corona de gloria» (1 Pedro 5:4 NVI). Muchos estudiosos de la Biblia creen que la corona de gloria es algo *aparte* de la corona de vida. ¿Puede alguien tener más de una corona? Jesús sí: «Y había en su cabeza muchas diademas» (Apocalipsis 19:12 RVA).

Al prometer «la corona de gloria», Pedro estaba hablando a cristianos maduros que velaban por la iglesia. La corona de vida se da a *todos* los creyentes, pero la corona de gloria es un premio por un servicio excepcional.

Si Dios te ha dado una tarea que hacer y no la cumples, tendrá que encontrar a otro que la haga... y que reciba tu recompensa (Apocalipsis 3:11). Así que sé fiel para cumplir con tu llamado.

Dios, gracias por mi salvación, que está segura en ti.
Te pido que me ayudes a ser fiel para cumplir con mi llamado,
la obra que me has dado para hacer.

DEJAR EL HOGAR

*Cuando Jacob se enteró de que había alimento en Egipto,
les dijo a sus hijos: «¿Qué hacen ahí parados, mirándose
unos a otros?».*

GÉNESIS 42:1 NVI

Es fácil identificarse con la frustración de Jacob. Atrapado en una gran hambruna, sintió el espectro de la inanición cerniéndose sobre su familia. Pero sus hijos se sentaron a mirarse como si no supieran qué hacer. Mucha gente se parece más a los hijos de Jacob que a Jacob. Se sienten cómodos donde están y, cuando se enfrentan a un viaje largo y difícil, prefieren quedarse en casa.

Sin embargo, al igual que la familia de Jacob, no siempre puedes encontrar lo que necesitas donde estás, sobre todo si tu relación con Cristo se ha vuelto tan seca como un desierto y eres reacio a moverte. Te morirás de hambre si no haces lo que hay que hacer. En última instancia, sabes dónde ir para encontrar lo que necesitas.

Embarcarse en un viaje espiritual vivificador significa dejar atrás hábitos cómodos, soportar dificultades y superar barreras. Pero al final del viaje esperan las riquezas del reino de Dios.

*Amado Señor, ayúdame a no postergar, a no seguir posponiendo
lo que hay que hacer. Pon convicción en mi espíritu para hacer
los cambios que necesito en mi vida.*

EL HÁLITO DE VIDA

Y Dios el SEÑOR formó al hombre del polvo de la tierra, y sopló en su nariz hálito de vida, y el hombre se convirtió en un ser viviente.

GÉNESIS 2:7 NVI

Génesis 1 describe el origen de todo desde un vacío sin forma y oscuro, culminando en la creación del hombre, hecho a semejanza de Dios y con un propósito: usar sus cualidades dadas por Dios para completar el cuadro que Dios había comenzado (Génesis 1:28).

Pero hay un elemento importante en la creación del hombre que lo hace único: Dios le insufló vida para convertirlo en un «ser vivo [literalmente, *alma*]». Y, curiosamente, este aliento de vida estaba en sus «fosas nasales» más que en su boca. La posición natural de la boca es cerrada, pero el estado natural de las fosas nasales es abierto.

Adán fue diseñado para permanecer conectado con Dios para llevar a cabo su misión. Por supuesto, la desobediencia deliberada arruinó ese plan. Pero la esperanza regresó con la promesa del Espíritu Santo. En Cristo, tu conexión con Dios a través del Espíritu Santo es tan real, tan esencial y tan satisfactoria como tu siguiente respiración.

Padre nuestro que estás en los cielos, gracias por crearme. Oro para que así como tú me diste la vida física, derrames cada día tu Espíritu en mí y me llenes de vida espiritual.

EVITA EL ORGULLO POR TUS LOGROS

Antes he trabajado más que todos ellos;
pero no yo, sino la gracia de Dios conmigo.

1 CORINTIOS 15:10 RVR1960

Jesús había dicho a sus apóstoles: «Me seréis testigos en Jerusalén, en toda Judea, en Samaria, y hasta lo último de la tierra» (Hechos 1:8 RVR1960). Sin embargo, durante los siguientes veinte años, los doce apóstoles permanecieron en Jerusalén, satisfechos con predicar en Judea y Samaria.

Pablo, mientras tanto, iba a ciudades lejanas por todo el Imperio romano. No estaba exagerando cuando dijo: «Yo trabajé más que todos ellos». Pero Pablo no se enorgullecía de esto. Acababa de declarar: «Yo soy el más pequeño de los apóstoles» (1 Corintios 15:9 RVR1960).

Pablo estaba consciente de que Dios lo estaba usando para lograr grandes cosas, pero también sabía que era el poder de Dios el que cambiaba vidas, no él. Y era consciente de su propia indignidad.

Cuando logras algo grande, no te pongas falsa humildad y digas que no es nada. Si era algo digno de elogio, reconoce el hecho. Pero asegúrate de alabar al Señor por usarte.

Señor, gracias por cómo me has usado. No me atribuyo
el mérito de lo que se ha logrado. Sé que fue tu Espíritu
el que me guio, me inspiró y me dio poder.

PROBLEMAS PARA DESPEDIRSE

«Permítame usted despedirme de mi padre y de mi madre con un beso —dijo él—, y luego lo seguiré».

1 REYES 19:20 NVI

Eliseo tuvo problemas para dejar su casa (1 Reyes 19:19-21). Cuando el profeta Elías lo convirtió en su sucesor, la primera reacción de Eliseo fue ir a casa y despedirse de sus padres.

Su reacción es similar a la de aquellos que pusieron excusas para no seguir a Cristo. En su parábola del gran banquete (Lucas 14:15-23), Jesús relató tres cosas que a la gente le costaba dejar. El primer hombre compró un terreno y necesitaba verlo. No podía dejar su *lugar*. El segundo hombre compró bueyes y tenía que verlos. No podía dejar sus *posesiones*. El tercer hombre quería estar con su nueva esposa. No podía dejar a las *personas*.

Eliseo y los personajes de la parábola de Cristo tuvieron la oportunidad de una nueva vida. Pero las historias terminan de manera diferente. Eliseo cortó los lazos con su pasado y fue tras su futuro. Los personajes de la parábola de Cristo no los dejaron. Perdieron la oportunidad.

Necesitamos manos vacías para tomar nuestra cruz y seguirle (Marcos 8:34-38).

Dios, que no me aferre a lugares, posesiones o personas, sino que te siga de todo corazón. Ayúdame a dejar las cosas que me impidan vivir para ti.

CONTRAER LA FIEBRE DEL ORO

Las sentencias del Señor [...] son más deseables que el oro,
más que mucho oro refinado.

Salmos 19:9-10 nvi

Se cuenta que durante la fiebre del oro en California en el siglo diecinueve los únicos que ganaban dinero eran los dueños de negocios que vendían equipos mineros y alimentos. Había muchos aventureros de mirada avariciosa que cambiaban una gran suma de oro por mejores palas, picos, linternas, sartenes y por harina o azúcar.

No había tiendas de Internet donde estos mineros pudieran comparar precios. Se vieron obligados a vivir con lo que tenían o a pagar los altos precios de los comerciantes con la esperanza de ganar aún más oro con sus nuevas herramientas. Algunos perdieron la vida en las minas, muchos dejaron de pensar con claridad y otros abandonaron sus pretensiones rotos y sin dinero.

Cuando llegó la fiebre del oro, estos mineros estaban dispuestos a renunciar a todo para conseguir el oro. Buscaron lo que consideraban precioso, excluyendo casi todas las demás actividades.

Si la Palabra de Dios es más preciosa que el oro, cabría esperar que tuvieras una gran sed (o fiebre, por así decirlo) de seguir a Dios y lo que él ha dicho.

Amado Señor, ayúdame a ser sincero y a centrarme
en la búsqueda de la verdad, tanto en tu Palabra como
en la experiencia personal contigo en la oración.

LIBERADO PARA SERVIR

«Yo, el Señor, te he llamado en justicia; te [...] constituí como pacto para el pueblo, como luz para las naciones, para abrir los ojos de los ciegos, para librar de la cárcel a los presos, y del calabozo a los que habitan en tinieblas».

Isaías 42:6-7 NVI

Sabes que Dios te ha hecho justo y te ha liberado del poder del pecado, pero ¿eres liberado del pecado solo para tu propio beneficio? No. Has sido liberado para liberar a otros. Pero, si no sabes por dónde empezar, hay buenas noticias.

La vida de Dios se está afianzando en ti y está remodelando tu corazón, deseos y pensamientos. A medida que Dios te trae libertad, desearás compartirla con otros. Comenzarás a reconocer las oportunidades para compartir la luz con los que están en la oscuridad o para traer libertad a los que están atrapados.

Tal vez lo que te detiene es la duda de si Dios está contigo y te guía. ¿Estás abierto a su guía? ¿Necesitas apartar tiempo hoy para permitir que su renovación se afiance en tu vida?

Dios, por favor, dame fe en que, así como tú rompiste mis cadenas, también quieres usarme para ayudar a liberar a otros. Ayúdame a aprovechar cualquier oportunidad que me envíes.

CONFIADO EN CRISTO

En él, mediante la fe, disfrutamos de libertad
y confianza para acercarnos a Dios.

EFESIOS 3:12 NVI

Con gran frecuencia, cuando los hombres oran a Dios por una necesidad apremiante, surge un sentido de pecaminosidad para desalentarlos: *Eres indigno. Dios no responderá a tus oraciones. Es mejor que dejes de orar.* Esta es la voz del enemigo. Su nombre, Satanás, significa «acusador» en hebreo, y la Biblia lo llama «el acusador de nuestros hermanos» (Apocalipsis 12:10 RVR1960). Acusa a *todos* los creyentes.

Si le has dado tu corazón a Cristo, Dios te ha perdonado. Sin embargo, si hay pecados actuales de los que no te has arrepentido, esto impedirá que Dios te bendiga en esta vida (Isaías 59:1-2).

Pero has de saber algo: Dios te *perdonará* cuando le confieses tus faltas a él (1 Juan 1:9). El diablo puede tratar de decirte que Dios no perdonará, ¡pero no escuches esa mentira! Dios *perdona.* «Acerquémonos, pues, confiadamente al trono de la gracia, para alcanzar misericordia y hallar gracia para el oportuno socorro» (Hebreos 4:16 RVR1960).

Padre, vengo a ti por misericordia. Te pido que perdones mis pecados y me des la confianza de que, cuando ore, tú podrás oír y responder. En el nombre de Jesús lo pido. Amén.

SEGUNDOS PENSAMIENTOS

«No podremos combatir contra esa gente.
¡Son más fuertes que nosotros!».

NÚMEROS 13:31 NVI

● ● ●

Moisés envió doce espías a Canaán para preparar la invasión. Pero, en el umbral de sus mayores hazañas, diez espías examinaron con detalle los desafíos y decidieron que no valía la pena. Preferían su vida nómada a las batallas anteriores. Así que esos diez murieron en el desierto. Solo dos de los espías llegaron a la tierra prometida.

Todo hombre se enfrenta a momentos en los que la probabilidad de éxito parece pequeña, los obstáculos parecen insuperables y los costes, inmensurables. Aquellos que regresan nunca cumplen sus sueños. Los que siguen adelante pueden fracasar, pero al menos fracasan con gran audacia.

En el umbral de un gran logro, de dejar atrás el desierto de este mundo y buscar una vida gloriosa en Dios, algunos se dan media vuelta y se niegan a entrar en una nueva vida. Tienen miedo. Cuesta demasiado. La victoria parece imposible.

Pero los que no quieren retirarse siguen adelante, viven una aventura de fe y siguen a Dios a la tierra prometida de una vida plena. ¿Vivirás por miedo o por fe?

Dios, por favor, ayúdame a no perder el valor antes
de las batallas de la vida y a no volver atrás.
Dame fe para creer que estarás conmigo y me ayudarás.

LOS RIESGOS DEL REGRESO

Luego Orfa se despidió de su suegra con un beso.

RUT 1:14 NVI

Orfa y Rut se enfrentaron a la misma decisión: ir con Noemí a una nueva tierra y vida o regresar a Moab y a la vida que conocían. Orfa rechazó una nueva vida. Ella siguió el consejo de Noemí (Rut 1:11-13) y se fue a casa, se casó, formó una familia y vivió el resto de sus días en Moab.

Rut, sin embargo, vivió una vida increíble que superó con creces todo lo que podría haber imaginado. Fue bisabuela de David y antepasada del Mesías. Nada de eso podría haber pasado sin dejar Moab.

Rut se comprometió con Dios, con su pueblo y con su futuro sin reservas. Fue un largo camino hacia una nueva tierra y una nueva vida, pero nada podía disuadirla. Ella tenía la fuerza para seguir a Dios sin importar lo que se le presentara. Puedes ver esta misma actitud en Jesús. «Como se acercaba el tiempo de que fuera llevado al cielo, Jesús se hizo el firme propósito de ir a Jerusalén» (Lucas 9:51 NVI).

Seguir el viaje del héroe, la gran aventura de la fe, significa dejar atrás la vida que tienes por la vida que deseas. Es la única manera.

Amado Señor, ayúdame a tener la fe y el valor, como Rut, de dejar lo familiar y lo cómodo para seguirte día a día.

UN SACRIFICIO VIVO

*Les ruego que entreguen su cuerpo a Dios por todo
lo que él ha hecho a favor de ustedes. Que sea un sacrificio
vivo y santo, la clase de sacrificio que a él le agrada.*

ROMANOS 12:1 NTV

Romanos 12:1 describe la entrega de uno mismo como un «sacrificio vivo», y eso podría preocuparte ya que otro versículo dice: «Pero los que son de Cristo han crucificado la carne con sus pasiones y deseos» (Gálatas 5:24 RVR1960). Podrías pensar que seguir a Jesús no es divertido.

Desde luego, tendrás que hacer sacrificios por amor a Dios y a los demás, y ciertamente no debes ceder a los deseos pecaminosos, pero tienes muchos deseos que están en perfecta sintonía con la voluntad de Dios. Por eso te promete: «Deléitate asimismo en Jehová, y él te concederá las peticiones de tu corazón» (Salmos 37:4 RVR1960).

Deja actuar al Espíritu Santo. Escucha cuando te aconseja que digas no a un deseo egoísta, o te inste a crucificar el odio, los celos y la codicia. Él quiere lo mejor para ti y, aunque mueras a pasiones y deseos pecaminosos, en realidad estarás volviendo a la vida.

*Padre nuestro que estás en los cielos, ayúdame a crucificar
mis tendencias pecaminosas, a entregarme a ti,
para que tú me puedas dar las cosas que deseas que tenga.*

PAZ MÁS ALLÁ DE LAS CIRCUNSTANCIAS

«Pero el Consolador, el Espíritu Santo, a quien el Padre
enviará en mi nombre, les enseñará todas las cosas
y les hará recordar todo lo que les he dicho».

JUAN 14:26 NVI

Jesús prometió enviar al Espíritu Santo para consolar e instruir a sus seguidores. Aun después de la resurrección de Jesús, seguían necesitando la paz del Espíritu.

Quizás pienses que tenían una razón más para alarmarse después de que Jesús ascendiera al cielo... aparentemente abandonándolos. Sin embargo, Jesús les aseguró que era justo lo contrario: como él les iba a enviar el Espíritu, no tenían que temer.

Jesús te asegura que puedes tener la guía, sabiduría y paz del Espíritu Santo cuando tú también te enfrentas a situaciones en las que el miedo parece estar justificado.

Esto no es una garantía de que todos tus problemas serán resueltos o de que de repente tendrás una sabiduría increíble para tomar decisiones. Más bien, el Espíritu te asegurará que no estás solo y que, pase lo que pase, Dios permanece contigo. El Espíritu protege tu alma y te mantiene cerca de Jesús.

Gracias, Jesús, por enviar al Espíritu Santo a habitar en mí,
para consolarme, guiarme y revelarme la verdad.
Haz que siempre me someta a él y lo escuche.

DE QUÉ GLORIARSE

*«Que no se gloríe el sabio de su sabiduría, ni el poderoso
de su poder, ni el rico de su riqueza. Si alguien ha de gloriarse,
que se gloríe de conocerme...».*

JEREMÍAS 9:23-24 NVI

Si alguna vez has estado cerca de alguien que pasa mucho tiempo presumiendo de sus posesiones, logros o talentos, probablemente sabes por qué Dios no se complace con el orgullo. Una actitud arrogante puede irritarte, y no tarda mucho en hacerlo.

Cuando te jactas de tus propios logros, de tus talentos y dones, expresas que lo que tienes y lo que puedes hacer son resultado de tus propios esfuerzos, y no de las bendiciones de Dios. Pero él es quien te creó y te dio tus capacidades.

Dios no quiere que su pueblo tenga una actitud de fanfarronería. Dios desea que te asegures de que tus palabras —sobre todo las relacionadas con tus dones, bendiciones y logros— apuntan a él como tu benefactor. Y, tal como lo indica el versículo anterior, eso debe comenzar con el hecho de que lo conoces como tu amoroso Padre celestial.

*Señor, ayúdame a tener una actitud humilde,
sabiendo que todas mis habilidades y talentos vienen de ti.
Ayúdame a glorificarte continuamente ante los demás.*

VIVIR LO QUE ENTIENDES

Al que sabe hacer lo bueno, y no lo hace, le es pecado.
SANTIAGO 4:17 RVR1960

Hay pecados de omisión y pecados de comisión. ¿Con qué frecuencia los hombres no hacen algo bueno por desidia o simplemente por falta de interés? Salomón instruyó: «No te niegues a hacer el bien a quien es debido, cuando tuvieres poder para hacerlo» (Proverbios 3:27 RVR1960).

Las enseñanzas más importantes de la Biblia son muy claras. Hay poco que sea indescifrable en ellas. El problema, sin embargo, es que pueden ser difíciles de obedecer. Por ejemplo, muchos cristianos están muy incómodos con el mandamiento de Jesús: «Amad a vuestros enemigos» (Mateo 5:44 RVR1960). Estos razonan que él no pudo haber querido decir eso literalmente. Así que les niegan el amor a las personas que no les gustan.

Hay muchas situaciones complejas en las que no *sabrás* qué es lo que hay que hacer. Mirando atrás, sí puedes ver con claridad lo que deberías haber hecho. Sin embargo, una vez que entiendas claramente lo que debes hacer, es un pecado si no lo haces.

*Dios, ayúdame a obedecer las sencillas y claras enseñanzas
de la Biblia, aun cuando sean difíciles. Ayúdame a ser
de verdad tu discípulo, amándote y obedeciendo
tus mandamientos.*

RETROCEDER

Pero a Pablo no le pareció prudente llevarlo,
porque los había abandonado en Panfilia.

HECHOS 15:38 NVI

Juan Marcos los había dejado. Así que Pablo se negó a permitirle unirse a su segundo viaje misionero (Hechos 15:36-41). Marcos no fue el único que se rindió. Pablo escribió más tarde: «pues Demas, por amor a este mundo, me ha abandonado» (2 Timoteo 4:10 NVI).

Ante la oportunidad de viajar a un territorio nuevo y desconocido, algunos se niegan a ir. Aman demasiado la vida que tienen como para arriesgarse a perderla. Ya sabes cómo es eso. Probablemente tú también has pasado mucho tiempo y esfuerzo creando la vida que deseas. Una vez que la consigues, no quieres cambiar. El cambio es un trabajo duro e incierto.

La triste historia de Demas nos ofrece una clara idea de ello. Su afecto no había cambiado. Nunca dejó de amar «este mundo» con sus comodidades. Amaba al mundo más que al Señor, la voluntad de Dios para su vida y su llamado en Cristo. Lo que amaba motivó su comportamiento y lo llevó a resistirse al cambio.

Así que ¿qué es lo que *tú* más amas?

Señor, ayúdame a no abandonar la gran vocación que me has dado. Ayúdame a estar dispuesto a abandonar las comodidades y la seguridad de mi nido confortable y seguirte.

HABLAR CON ALEGRÍA

Puso en mis labios un cántico nuevo,
un himno de alabanza a nuestro Dios.

SALMOS 40:3 NVI

Jesús te ha prometido vida abundante aquí en la tierra, así como una eternidad en el paraíso. Él te ha prometido alegría, tanto en esta vida como en la siguiente. Aquellos que le siguen tienen más razón que nadie para tener pensamientos y decir palabras que reflejen alegría.

Pero ¿no conoces a algún creyente nominal que siempre parece estar quejándose, una persona que, de todos modos, en el exterior, parece carecer del gozo del Señor? ¿O eres *tú* mismo a veces esa clase de cristiano?

La Biblia está llena de ejemplos de hombres cuyas situaciones en la vida no eran exactamente razones para tener actitudes felices o alegres. Pero, en vez de gastar su tiempo gimiendo, se centraron en lo que Dios estaba haciendo en ellos y a través de ellos, y meditaron en su recompensa eterna. Incluso cuando la vida te lanza dificultades y sufrimientos, puedes hacer que el gozo de Dios te llene de modo que no puedas evitar expresarlo.

Señor, gracias por salvarme. Gracias por darme la tremenda esperanza del cielo. Gracias por suplir mis necesidades día tras día. ¡Te alabo por tu bondad, Dios!

COMPAÑEROS DE VIAJE

Entonces todos los discípulos lo abandonaron y huyeron.

MATEO 26:56 NVI

Juan estaba en la cruz el día que Cristo murió (Juan 19:26-27). Judas se había quitado la vida (Mateo 27:3-5). Pero ¿dónde estaban los otros discípulos? Nadie lo sabe con seguridad.

Su abandono a Cristo en Getsemaní no es difícil de entender. Huir del peligro es una respuesta natural. Quizás te guste pensar que tú lo habrías hecho mejor.

Pero esto ilustra dos verdades acerca de tu travesía espiritual. Primero, necesitas amigos a tu lado. Jesús «designó a doce [...] para que lo acompañaran» (Marcos 3:14 NVI). Durante tres años lo acompañaron. Cuando su crisis se acercaba, quiso que estuvieran cerca y orando. Les dijo: «Siéntense aquí mientras voy más allá a orar» (Mateo 26:36 NVI).

Segundo, hay lugares a los que otros no pueden o no quieren ir contigo. Hay pruebas a las que debes enfrentarte solo. Pero eso no significa que estés solo en realidad. Dios está contigo, incluso cuando no lo sientes.

Necesitas un grupo de hermanos. Pero también necesitas fuerza para seguir tu viaje, ya sea que vayan contigo o no.

Dios, ayúdame a ser un amigo fiel para quienes transitan un camino difícil. Que pueda orar por ellos y animarlos como me gustaría que lo hicieran por mí.

CONTROLAR TUS OJOS

«Hice un pacto con mis ojos, de no mirar
con codicia sexual a ninguna joven».

JOB 31:1 NTV

Job vivió durante una época en la que se aceptaba la poligamia, pero estaba satisfecho con *una* mujer. Tal vez ayudó que ella fuera excepcionalmente encantadora, pero, aun así, Job se dio cuenta de que, a menos que decidiera de antemano no mirar con lujuria a otras mujeres, sus ojos se irían tras ellas por inclinación natural. Así que se comprometió a *no* dejar que sus ojos se desviaran. Entonces, cuando se enfrentó a la tentación, le dijo no a la lujuria.

En los tiempos modernos, los hombres son bombardeados constantemente con visiones sexualmente provocativas. Aunque no las busques, pueden tenderte una emboscada. Si no has pensado en el asunto de antemano y no has decidido tu reacción, casi no puedes dejar de mirar embobado. Puede ser algo muy adictivo.

El secreto de la victoria está en obtener el control de tus pensamientos *de antemano* y decidir no mirar con lujuria, incluso si una mujer te tienta. «No abrigues en tu corazón deseos por su belleza, ni te dejes cautivar por sus ojos» (Proverbios 6:25 NVI). Mira hacia otro lado si es necesario. Pídele a Dios que te ayude.

Dios mío, ayúdame a decidir no mirar a ninguna mujer
con lujuria. Dame la fuerza interior que necesito para
resistir las tentaciones hoy y todos los días.

HORA DE ESTAR UNIDOS

*Ya no importa el ser judío o griego, esclavo o libre, hombre
o mujer; porque unidos a Cristo Jesús, todos ustedes son
uno solo. Y si son de Cristo, entonces son descendientes
de Abraham y herederos de las promesas que Dios le hizo.*

GÁLATAS 3:28-29 DHH

De entre todas las personas de la tierra, los cristianos son los que
más deben eliminar la discriminación racial de su pensamiento,
sin embargo, algunos cristianos luchan por defender esta verdad:
Dios no discrimina por el color de la piel. Pero los creyentes a
menudo se dividen entre sí en función de cuánto dinero ganan,
dónde viven, o incluso de su herencia étnica.

El sacrificio de Jesús fue por *toda* la humanidad. Dijo que traía
salvación para el judío *y* el gentil. Eso es *todo el mundo*. Incluso
amaba a los samaritanos, un grupo étnico y religioso al que los
judíos llamaban «mestizos» y que se esforzaban por evitar. Como
en todas las cosas, Jesús es tu ejemplo de cómo vivir y amar.

Jesús dijo que su amor era para el mundo entero, y no hizo
ninguna excepción. ¿Por qué debería hacerla? Dios tiene una
familia, y, cuando no excluyes a otras personas, es más grande
de lo que piensas.

*Dios, ayúdame a amar a los demás como tú los amas,
como tu Hijo amó a las personas cuando estuvo en la tierra.
Ayúdame a amar a todas las personas que tú has creado.*

LA PAZ ES TUYA HOY

*Pues a Dios, en toda su plenitud, le agradó vivir en Cristo,
y por medio de él, Dios reconcilió consigo todas las cosas.
Hizo la paz con todo lo que existe en el cielo y en la tierra,
por medio de la sangre de Cristo en la cruz.*

COLOSENSES 1:19-20 NTV

¿Cómo describirías tu estado mental en este momento? ¿Estás contento o desanimado? ¿Te sientes cerca de Dios o distante de él? Puede haber momentos en los que te preguntes si alguna vez serás lo suficientemente bueno. Pero Dios ha reconciliado todas las cosas consigo mismo.

Dios no está lejos de ti. Jesús ha venido a morar en ti y a través de la cruz ha demostrado de una vez por todas que está plenamente determinado a hacer las paces contigo. Cualquier barrera entre tú y Dios ha sido eliminada. No hay manera de hacerte más digno de la cruz. La reconciliación se ha llevado a cabo.

Tú también tienes buenas noticias para compartir con los demás. La cruz es para todos en la tierra. Solo podrás compartir ese mensaje si primero crees que Dios ha hecho las paces contigo.

*Padre Celestial, ayúdame a confiar en que tú has establecido
completa paz entre tú y yo por la sangre de Jesucristo, tu Hijo.
Ayúdame a no dudar de eso, te lo ruego.*

PERDONAR A LOS DEMÁS: DIOS LO EXIGE

«Y cuando estén orando, si tienen algo contra alguien,
perdónenlo, para que también su Padre que está en el cielo les
perdone a ustedes sus pecados».

MARCOS 11:25 NVI

Si has estado cerca de alguien que alberga amargura hacia otro, sabes lo incómodo que puede ser. La ira y la falta de perdón se parecen al amor y la fe en que siempre se expresan de forma visible. No puedes ser una persona enojada y amargada sin que los que te rodean lo vean en ti o lo escuchen de tu boca.

Resulta que Dios se toma muy en serio el perdonar a los demás, tan en serio que Jesús instruyó a sus seguidores a perdonarse los unos a los otros de corazón. De lo contrario, les dijo, Dios no escucharía sus oraciones.

¿Nunca has estado en un punto de tu relación con Dios en que tus oraciones parecían estancadas, que no estaban llegando a los oídos de Dios? Podría haber muchas razones: un pecado escondido, una lucha espiritual e incluso esos «tiempos de sequía» que a veces experimentamos. Pero es sabio examinar tus relaciones con los demás y preguntarte si albergas falta de perdón hacia alguien.

Luego, perdona... de todo corazón.

Dios, ayúdame a lidiar con cualquier falta de perdón.
Ayúdame a liberarme de la amargura que tenga hacia
cualquiera y a perdonarlo completa y gratuitamente.

BÚSQUEDA DE LAS COSAS DE DIOS

Mas tú, oh hombre de Dios, huye de estas cosas, y sigue la justicia, la piedad, la fe, el amor, la paciencia, la mansedumbre.

1 TIMOTEO 6:11 RVR1960

Cuando la Biblia te dice que huyas del pecado, te dice que lo hagas siguiendo nuevas prácticas (Efesios 4:21-24). En el versículo anterior a este, Pablo le advierte al joven Timoteo sobre los peligros de amar el dinero. Luego le dice que persiga la justicia, la piedad, la fe, el amor, la paciencia y la mansedumbre.

¿Cómo es eso exactamente? Seguir la justicia no consiste en aferrarte a tu salvación; más bien, consiste en tratar a los demás con justicia. Seguir la piedad significa cumplir tu parte en el proceso de santificación. No puedes hacer nada para purificarte del pecado, pero *puedes* orar y leer la Palabra.

Seguir la fe es apartar la mirada de tus circunstancias y poner la mirada en Dios. Seguir la paciencia significa soportar pérdidas, daños y persecución. Y seguir la mansedumbre significa ser amable y considerado con los demás.

Si el amor por el dinero es fuerte en ti, en la lista de objetivos de arriba está el antídoto. A medida que comiences a buscarlos, verás victorias espirituales en tu vida.

Dios, por favor, ayúdame a perseguir todas estas virtudes enumeradas aquí y, al hacerlo, lléname con tu Espíritu y tu amor. En el nombre de Jesús te lo pido.

MARIDOS Y ESPOSAS

No hay judío, ni griego; no hay siervo, ni libre; no hay varón, ni
hembra: porque todos vosotros sois uno en Cristo Jesús.

GÁLATAS 3:28 RVA

La Declaración de Independencia afirma «que todos los hombres son creados iguales, que son dotados por su Creador de ciertos derechos inalienables». Por supuesto, se entiende que cuando dice «todos los hombres» significa «la humanidad»; es evidente que las mujeres también tienen derechos inalienables.

La Biblia muestra la actitud que deben tener los hombres cuando dice: «ustedes maridos, tienen que honrar a sus esposas. Cada uno viva con su esposa y trátela con entendimiento. Ella podrá ser más débil, pero participa por igual del regalo de la nueva vida que Dios les ha dado. Trátenla como es debido, para que nada estorbe las oraciones de ustedes» (1 Pedro 3:7 NTV).

Si tus oraciones se ven obstaculizadas con frecuencia, es posible que quieras asegurarte de estar honrando a tu esposa. Ella no siempre tiene razón, igual que tú, pero escucha su consejo, así como Manoa escuchó a su esposa (Jueces 13:21-23). Es muy probable que seas bendecido y hasta aprendas algo.

Señor mi Dios, por favor, dame la sabiduría y la humildad
para escuchar a mi esposa. Ayúdame a tratarla como
es debido y a honrarla. En el nombre de Jesús te lo pido.

PAN DEL CIELO

«Ciertamente les aseguro que ustedes me buscan no porque han visto señales, sino porque comieron pan hasta llenarse...».
—¿Y qué señal harás para que la veamos y te creamos?
¿Qué puedes hacer? —insistieron ellos—. Nuestros antepasados comieron el maná en el desierto, como está escrito:
«Pan del cielo les dio a comer».

JUAN 6:26, 30-31 NVI

Cinco mil personas sabían que había un profeta entre ellos cuando se pasaban las canastas de comida (Juan 6:14). Pero, tan pronto como volvieron a tener hambre, su enfoque pasó a ser el don en lugar del Dador.

Aunque Jesús señaló este hecho, ellos trataron de hacer que volviera a demostrar quién era proveyendo un suministro diario de pan. ¿No sería grandioso? Se acabó el trabajar, solo habría que recoger pan gratis todos los días. Tenían hambre de una solución fácil para las dificultades de la vida, no de que Cristo llenara sus almas.

Es como seguir a cambio de un contrato remunerado: *Mientras me paguen, estoy del lado de Dios.* No busquemos que Dios nos satisfaga solo por un día. Él ofrece mucho más.

Señor, tú sabes que necesito el «pan de cada día», e incluso me dijiste que orara por ello. Pero ayúdame a buscar «el pan de vida», tu presencia y tu Palabra ante todo.

ENTENDER LA COSECHA

Miren cómo espera el agricultor a que la tierra dé su precioso fruto y con qué paciencia aguarda las temporadas de lluvia.

SANTIAGO 5:7 NVI

◉ ◉ ◉

Si viajas lo suficiente, verás muchas granjas e interminables filas de maíz, trigo y alubias. Verás ganado, ovejas y caballos, así como camiones y tractores por caminos de tierra. Incluso en las ciudades más grandes encontrarás mercados agrícolas donde están a la vista y a la venta los productos que cultivan los agricultores.

Como la gente necesita comer, siempre habrá necesidad de agricultores. Ellos son los hombres y mujeres que plantan y cosechan los alimentos que uno da por sentados.

Jesús estaba muy familiarizado con la agricultura y la usó para compartir muchas verdades. Sus parábolas agrícolas ilustran lecciones que van desde el crecimiento espiritual hasta las malas influencias, desde la forma de escuchar hasta en qué pones tu confianza.

Jesús sabía que las enseñanzas basadas en la agricultura eran una manera perfecta de ayudar a la gente a aprender más sobre la vida cristiana. Más allá del impacto que tiene en la economía y en tu bienestar personal, entender la vida agrícola puede mejorar tu comprensión de Jesús.

Señor, gracias por los que cultivan los alimentos que yo como. Bendícelos hoy y bendice mi comprensión de tus enseñanzas y parábolas relacionadas con la agricultura en la Biblia.

DIOS QUIERE PERDONARTE

¿Qué Dios hay como tú, que perdone la maldad
y pase por alto el delito del remanente de su pueblo?
No siempre estarás airado, porque tu mayor placer es amar.

MIQUEAS 7:18 NVI

¿Cómo imaginas a Dios cuando has pecado? ¿Te imaginas a un Dios enojado, dispuesto a rechazarte? ¿Lo imaginas indignado porque has vuelto a fallar?

Ya sea que estés luchando con un pecado habitual o te preocupe que tus transgresiones pasadas estén fuera del alcance del perdón de Dios, él es más misericordioso de lo que puedas imaginar. Miqueas compara al Señor con los dioses falsos de su tiempo, y asegura que Dios es completamente diferente a ellos.

Sí, el pecado es grave y puede alejarte de Dios, pero, si confiesas tus pecados, él está listo para perdonarte y restaurarte. ¿Te imaginas a Dios alzándose sobre ti para golpearte con juicio? No lo hagas. La Biblia te asegura que su ira pasa rápidamente y que él se deleita en la misericordia.

Dios no se complace en el juicio. Si quieres deleitarlo, deja de esconder tus pecados y fracasos. Sácalos ante él, a plena vista, y abandónalos, para que él pueda mostrarte misericordia.

Dios, lo he estropeado todo otra vez, he pecado de nuevo,
justo cuando pensaba que lo estaba haciendo mejor. Te pido
que me perdones y me acerques de nuevo a ti.

CÓMO LE DAS GOZO A DIOS

Así que, ofrezcamos siempre a Dios, por medio de él, sacrificio
de alabanza, es decir, fruto de labios que confiesan su nombre.
Y de hacer bien y de la ayuda mutua no os olvidéis;
porque de tales sacrificios se agrada Dios.

HEBREOS 13:15-16 RVR1960

La historia de Jesucristo, como Hijo eterno de Dios, no tiene principio. La historia de Cristo como plenamente Dios y plenamente humano comienza con su concepción y nacimiento. Y termina con su muerte sacrificial en la cruz y su resurrección tres días después. Pero en realidad ni siquiera terminó *ahí*. Se completó de manera definitiva cuando se sentó, triunfante, cuarenta días después, a la diestra de la Majestad en las alturas.

Entonces, ¿cómo lo adoras? ¿Cómo demuestras cuánto lo amas? Lo haces alabando a Dios Padre, a Dios Hijo y a Dios Espíritu Santo con tu boca, tanto en la oración como en el canto. También lo pones en práctica haciendo el bien y compartiendo con los demás, «porque de tales sacrificios se agrada Dios». Tus palabras de alabanza a Jesús, y tus buenas palabras y acciones hacia la gente que te rodea ¡le traen alegría a Dios!

Señor, ayúdame a adorarte y alabarte con todo mi ser,
con mis pensamientos, mis palabras y mis acciones.
En el nombre de Jesús te lo pido.

JARDINERÍA ESPIRITUAL

Y el que planta y el que riega son una misma cosa; aunque
cada uno recibirá su recompensa conforme a su labor.

1 Corintios 3:8 rvr1960

Si alguna vez has estado cerca de alguien que puede convertir una conversación cualquiera en una espiritual con preguntas u observaciones espirituales que invitan a la reflexión, entonces probablemente tus propios intentos de testificar te parecen inadecuados en comparación. Para la mayoría de nosotros, el terreno parece a menudo seco y poco receptivo al evangelio.

Algunos cristianos son llamados a plantar semillas, mientras que otros son llamados a derramar un poco de agua sobre esas semillas para llevar el evangelio a buen término. Pero ambos no son mutuamente excluyentes. Tú puedes ser un jardinero que riega de vez en cuando o un regante que planta de vez en cuando. La buena noticia es que ambos recibirán una recompensa.

Pero el apóstol Pablo no deja espacio en este versículo para no hacer jardinería de la manera que sea. Sentarse de brazos cruzados mientras otros hacen todo el trabajo no es una opción. ¿Cómo va tu jardinería? ¿Cuál es el papel que te interesa? ¿Buscas a los inconversos o alimentas a los nuevos creyentes?

Padre amado, guíame a las almas sensibles, y dame el amor
y la audacia para hablarles del evangelio. Unge mi mente
con sabiduría y mis palabras con gracia.

EL HUMOR EN EL TRABAJO

Tampoco debe haber palabras indecentes, conversaciones necias ni chistes groseros [...]; haya más bien acción de gracias.

EFESIOS 5:4 NVI

Si tienes un trabajo en el que interactúas mucho con el público, quizás escuches un lenguaje limpio y cortés. Pero en muchos empleos son comunes las maldiciones y el humor inadecuado, en los que los compañeros de trabajo utilizan por costumbre un lenguaje grosero y encuentran divertidos los chistes sexuales explícitos.

Es importante que no fomentes ese comportamiento. Si te ríes por cortesía para no ofenderlos, se animarán a seguir. Así que hazles saber, sin ofender, que ese no es el humor que te gusta. Basta con que te abstengas de reír ante sus chistes. Entenderán la razón.

Por supuesto, tienes poco control sobre su reacción. Algunos seguirán el ejemplo y bajarán el tono en tu presencia. Otros pueden burlarse de ti y de tu fe cristiana. No te sorprendas. Pedro dice: «Pues ya basta con el tiempo que han desperdiciado haciendo lo que agrada a los incrédulos [...]. A ellos les parece extraño que ustedes ya no corran con ellos en ese mismo desbordamiento de inmoralidad, y por eso los insultan» (1 Pedro 4:3-4 NVI).

Hagan lo que hagan los demás, tú sigue a Cristo con la conciencia tranquila.

Dios, por favor, dame fuertes convicciones sobre la obscenidad y las bromas de mal gusto. Te pido que también me des sabiduría a la hora de abordar esta cuestión

FLORECER

Como palmeras florecen los justos...

Salmos 92:12 NVI

En Salmos 92:12-15, la palmera es un símbolo de la vida espiritual que Cristo hizo posible para todos sus seguidores. Como la palmera, puedes crecer y vivir una vida fructífera.

Jesús hizo posible que tú florezcas y vivas una vida llena de gozo y significado.

Él hizo posible que hundas tus raíces profundamente en el suelo espiritual de su presencia. Estás plantado en la casa del Señor.

Hizo posible que tengas una vida fructífera y productiva mientras vivas.

Hizo posible que te mantengas espiritualmente sano, que te mantengas lozano y creciendo.

¡Él te dio una razón para gritar de alegría y proclamar su justicia, poder y gloria!

Pero recuerda que solo floreces «en los atrios de nuestro Dios» (Salmos 92:13 NVI). Debes sacar tu vitalidad y tu fuerza de una relación profunda y nutritiva con él. Una planta desarraigada no produce frutos. ¿Estás «arraigado y sobreedificado en [Jesús]»? ¿Creces en él «en todas las cosas» (Efesios 4:15 RVA)?

Jesús, ayúdame a hundir mis raíces en la verdad de quién eres y de tu poder para salvarme. Hazme más fuerte y fructífero en ti.

HAMBRIENTO DE DIOS

Te humilló y te hizo pasar hambre, pero luego te alimentó con maná, comida que ni tú ni tus antepasados habían conocido, con lo que te enseñó que no solo de pan vive el hombre, sino de todo lo que sale de la boca del Señor.

DEUTERONOMIO 8:3 NVI

En su viaje a través de un paisaje estéril, difícilmente se puede culpar al pueblo de Israel por preocuparse por lo que comería, bebería o vestiría en un lugar tan inhóspito. Recolectar suficiente comida para toda una nación en una tierra sin campos para la agricultura o pastos para los rebaños se convirtió en una lucha diaria por la supervivencia. ¿Cómo podría tanta gente sobrevivir cuarenta días, y mucho menos cuarenta años, en un desierto así?

Aunque los israelitas veían seguramente el desierto como el último lugar en el que querrían estar, el Señor no perdió la oportunidad de usarlo para un buen propósito. Esta tierra sedienta era donde aprenderían a depender completamente de él.

En parte, el Señor usó una situación difícil para enseñarle a su pueblo la dependencia completa y total. No podían hacer nada lo suficientemente inteligente o innovador para mantenerse. Su única salida era la oración, y su único recurso era la ayuda de Dios.

Dios, gracias por las valiosas lecciones que me enseñas, incluso en mis situaciones desesperadas y mis carencias. Ayúdame a tener hambre de tu Palabra más que de ninguna otra cosa.

UN MENTOR DIVINO

Bernabé se llevó a Marcos y se embarcó rumbo a Chipre.

HECHOS 15:39 NVI

Juan Marcos fue afortunado. Bernabé lo tomó bajo su protección y lo llevó en un viaje misionero. Esto creó una fisura con Pablo, pero Bernabé pensó que Marcos valía la pena. Años más tarde, Pablo le pidió a Timoteo que le trajera a Marcos porque él le era de ayuda en su ministerio (2 Timoteo 4:11 NVI).

Claramente, ¡Marcos había cambiado! Bernabé fue un excelente mentor espiritual. Tú también, a veces, necesitas ayuda para superar tus miedos y entrar en tu futuro.

Bernabé creía en el potencial de Marcos, y tú también necesitas gente que crea en ti. Además, estaba dispuesto a invertir. Bernabé había invertido en Pablo y vio que *esa* inversión valía la pena, así que estaba dispuesto a hacer una inversión en Marcos también. Y Bernabé tenía experiencia. Había estado donde Juan Marcos necesitaba ir y podía mostrarle el camino. Finalmente, Bernabé fue un estímulo. Bernabé, que significa «hijo de ánimo», era su apodo (Hechos 4:36).

Tú también necesitas a alguien que te guíe en la dirección correcta y te anime en el camino. Y tienes que hacer lo mismo por los demás también.

Dios, ayúdame a encontrar un mentor piadoso cuando lo necesite. Y ayúdame a ser un mentor y un animador para aquellos que son nuevos en la fe.

NO SEAS CODICIOSO

No codicies la casa de tu prójimo.

ÉXODO 20:17 DHH

Éxodo 20:17 (RVR1960) dice: «No codiciarás [...] cosa alguna de tu prójimo». Pero esta fórmula nos suena un poco arcaica. ¿Qué significa exactamente? La versión Dios Habla Hoy traduce este versículo así: «No codicies la casa de tu prójimo».

El diccionario define *codiciar* de esta manera: «Desear con ansia riquezas u otras cosas», referido sobre todo a cosas de los demás. Por lo tanto, si codicias a la esposa de tu vecino, llegará el momento en que intentes cometer adulterio con ella, ignorando el dolor que esto le causará a su esposo y a sus hijos.

Si codicias la riqueza de tu prójimo, buscarás maneras de quitársela; o bien la codicia te hará sentirte amargado porque no tienes lo que él tiene. La Biblia aconseja: «Manténganse libres del amor al dinero, y conténtense con lo que tienen» (Hebreos 13:5 NVI).

Un día, en el cielo, Dios te compensará abundantemente por lo que te falta hoy. Por eso Jesús dijo: «Dichosos ustedes los pobres, porque el reino de Dios les pertenece» (Lucas 6:20 NVI).

Dios, ayúdame a no codiciar las cosas que otras personas tienen. Ayúdame a estar contento con lo que tengo, por mucho o poco que sea. En el nombre de Jesús te lo pido.

EL CAMINO A LA RESURRECCIÓN

Llegaron a un lugar llamado Gólgota.

MATEO 27:33 NVI

El camino a la resurrección pasa por el Gólgota. El camino que Cristo anduvo ese día fue bueno para nosotros. No fue «bueno» para Cristo, que sufrió una agonía física, emocional y espiritual que ni puedes imaginar.

No era el camino que él quería seguir. Se nos dice que «se postró sobre su rostro y oró: "Padre mío, si es posible, no me hagas beber este trago amargo"» (Mateo 26:39 NVI). Habría preferido cumplir su misión sin tomar el camino del Gólgota. Probablemente, tú también lo habrías preferido.

Pero no funciona así. Las pruebas y el sufrimiento eran la única manera de obtener la salvación para la humanidad. Y los desafíos a los que te enfrentas en el camino hacia una vida más profunda en Cristo son igualmente necesarios para romper tu voluntad pecaminosa y conducirte a una mayor intimidad con Dios.

Cristo nos muestra el camino. Él se sometió y oró: «Pero no sea lo que yo quiero, sino lo que quieres tú» (Mateo 26:39 NVI). No te niegues a someterte, no rechaces el camino de la cruz, o te perderás una relación profunda y hermosa con Cristo.

Padre, ayúdame a rendirme a tu voluntad, aun cuando sea difícil. Tú sabes lo que es mejor para mí, así que dejaré que tú elijas mi camino y planifiques mi futuro.

VERDADERA JUSTICIA

«Porque les digo a ustedes que no van a entrar
en el reino de los cielos a menos que su justicia supere
a la de los fariseos y de los maestros de la ley».

MATEO 5:20 NVI

Dios había dado a su pueblo muchos mandamientos en la ley, los cuales, si se obedecían, crearían una sociedad justa y compasiva. Él no dio la ley simplemente para cargar a su pueblo con una multitud de reglas. En el corazón mismo de la ley había dos mandamientos: amar al Señor con todo el corazón y amar al prójimo como a uno mismo. Si obedecían estos dos mandamientos, todo lo demás vendría dado.

Los fariseos y los escribas, sin embargo, perdieron esto de vista y se concentraron en una adhesión legalista a la ley, la cual se transformó inevitablemente en un espectáculo externo sin amor, hecho para beneficio de los espectadores. Peor aún, agregaron multitud de reglas, ordenanzas y tradiciones propias, exigiendo que la gente las obedeciera también.

Sin embargo, la ley era imposible de guardar perfectamente. De hecho, Jesús fue el único hombre que obedeció a Dios en todas las cosas. Y, si aceptas su muerte expiatoria en la cruz, participas de su rectitud.

Señor Jesús, tú fuiste el único que fue verdaderamente justo.
Ayúdame a confiar en tu justicia, no en la mía.
¡Solo tú puedes salvarme!

DAR GENEROSA Y SABIAMENTE

Debes ayudarlo siempre y sin que te pese...
DEUTERONOMIO 15:10 DHH

A menudo parece contrario a la razón dar «siempre y sin que te pese». ¿No se supone que debo seguir un presupuesto y no desviarme de él con gastos impulsivos? Sí, pero Dios establece una diferencia entre los gastos personales egoístas y las donaciones desinteresadas.

Sin embargo, algunas personas tienen *tanta* empatía que podrían regalar su coche o vaciar su cuenta bancaria. Recuerda, «la sabiduría es provechosa para dirigir» (Eclesiastés 10:10 RVR1960). Y toma esto en cuenta: primero debes cuidar de tu familia (Mateo 15:5-6; 1 Timoteo 5:8).

Pero hay momentos para dar libremente. La Nueva Traducción Viviente dice: «Da al pobre con generosidad, no de mala gana» (Deuteronomio 15:10, NTV). Si *sabes* que Dios quiere que des, entonces da, aun cuando tu reacción natural sea agarrar con fuerza el dinero que tanto te ha costado ganar.

Sin embargo, si tienes dudas razonables sobre si es sabio dar, no lo hagas, pues «todo lo que no proviene de fe, es pecado» (Romanos 14:23 RVR1960).

Señor, por favor, dame tanto generosidad como sabiduría: generosidad para estar dispuesto a dar, y sabiduría para saber cuándo y cuánto dar.

PRONUNCIAR UNA BENDICIÓN

*Toda la alabanza sea para Dios, el Padre de nuestro
Señor Jesucristo, quien nos ha bendecido con toda clase
de bendiciones espirituales en los lugares celestiales,
porque estamos unidos a Cristo.*

EFESIOS 1:3 NTV

Las bendiciones son regalos de Dios. Una bendición es también un regalo personal que un padre comparte con un hijo. La bendición de un padre puede permitirle a un hijo crecer experimentando amor y seguridad, e invitarlo a soñar a lo grande y seguir a Dios.

Pasas la bendición cuando la pronuncias. No puedes dar por sentado que tus hijos entienden que los amas y que quieres lo mejor para ellos. Necesitan oírlo de tus labios y verlo en tus acciones. Una bendición puede cambiar su futuro, fortalecer sus relaciones y proporcionarles una visión.

Cuando los hijos reciben una bendición de su padre, esta les demuestra que se fija en ellos, les presta atención y sabe que, al darles alas, finalmente volarán.

Dios ha bendecido a la humanidad con un futuro y una esperanza. Ofrece un oído atento, un plan plenamente desarrollado para su vida y la compañía eterna. Él aconseja, consuela y *bendice*.

---

*Señor, ayúdame a amar con fervor a mis hijos, orar por ellos
y bendecirlos en tu nombre. Ayúdame a expresar
bendiciones continuas en sus vidas, te lo ruego.*

LOCO

Al llegar Pablo a este punto de su defensa, Festo interrumpió.
—¡Estás loco, Pablo!
HECHOS 26:24 NVI

Saulo de Tarso, el brillante rabino judío, había abandonado una prometedora carrera para promocionar la odiada secta que una vez quiso destruir. Cuando escucharon la historia de Pablo, el rey Agripa y el procónsul romano, Festo, pensaron que estaba loco. Pablo se paró delante de ellos y siguió hablando de muertos que volvían a la vida y de una visión celestial, y luego trató de persuadirlos para que se unieran a él (Hechos 26). No es de extrañar que Festo pensara que estaba loco y que Agripa se sintiera ofendido.

Otros quizá piensen que los grandes aventureros están locos. Pero los hombres con visión quieren hacer lo que otros creen inviable, emprender viajes que otros consideran imposibles, seguir la visión que otros no pueden ver y asumir riesgos que otros temen.

En el corazón de cada hombre hay un aventurero, un soñador y un héroe. Como Pablo, anhelas seguir los caminos osados de una gran visión. Y, como en el caso de Pablo, ese viaje comienza como un encuentro con el Cristo vivo.

Pero no te sorprendas si la gente dice: «¡Estás loco!».

Dios, dame la visión y el coraje para salir del camino trillado y seguirte a ti en grandes aventuras. Dame el valor de ignorar a los críticos y detractores.

PRACTICAR LA HOSPITALIDAD

*Querido hermano, te comportas fielmente en todo lo que
haces por los hermanos, aunque no los conozcas.*

3 JUAN 1:5-6 NVI

Abrir nuestros hogares a un misionero, ministro o compañero
cristiano es una manera importante de demostrar el amor de Dios.
Juan notó que un anciano llamado Gayo había reconocido a estos
ministros como hermanos y hermanas en vez de como extraños.
Es probable que Gayo hiciera todo lo posible para recibir a estos
predicadores viajeros en su casa.

Invitar a otros cristianos a tu casa, ya sea para una reunión de
grupo pequeño, una cena familiar o alojamiento por varios días,
te obliga a cambiar tu horario, a compartir tus recursos y a hacer
espacio para los demás. Si de verdad crees que otros cristianos son
tus «hermanos y hermanas», la prueba será la generosidad con la
que compartes tu casa.

La hospitalidad es un sacrificio, pero es también una manera
vital de animar y apoyar a otros creyentes. A lo largo del camino,
disfrutarás de relaciones más profundas con tu familia cristiana e
incluso te beneficiarás de las bendiciones y oraciones de aquellos
que comparten tu hogar.

*Señor, por favor, ayúdame a ser generoso y a practicar
la hospitalidad con creyentes necesitados. Porque sé que,
al llevar a uno de tus hijos a mi casa, te llevo a ti.*

EVITA LAS DISCUSIONES

No hagas caso de discusiones que no tienen ton ni son; ya sabes que terminan en peleas. Y un siervo del Señor no debe andar en peleas; al contrario, debe ser bueno con todos.

2 Timoteo 2:23-24 dhh

Si entras con frecuencia en discusiones, tal vez solo creas que estás «diciendo las cosas como son», o corrigiendo a otras personas. Pero la mayoría de las contiendas crean resentimientos y se convierten en intercambios emocionales en lugar de en discusiones razonadas. Pregúntate qué es lo que más haces durante una discusión. ¿Escuchas con paciencia al otro, tratando de entender su punto de vista, o «escuchar» significa esperar impaciente tu turno de réplica? La Biblia dice que el siervo de Dios «debe ser bueno con todos».

Es cierto que existen momentos en los que hay que luchar «ardientemente por la fe» (Judas 1:3 RVR1960). Pero hay que lidiar con hechos y razones sólidas, no intimidando y levantando la voz.

Salomón dijo: «comenzar una pelea es como abrir las compuertas de una represa, así que detente antes de que estalle la disputa» (Proverbios 17:14 NTV). Entiende cuándo vale la pena discutir y cuándo no. A menudo lo más sabio que puedes hacer es evitar ser arrastrado a una discusión.

Señor, por favor, perdona mi orgullo y mi temperamento. Me han ocasionado problemas en mi vida y quiero cambiar. Por favor, dame amor y paciencia. En el nombre de Jesús te lo pido. Amén.

NO SERÁ FÁCIL

En el crisol se prueba la plata y en el horno se prueba el oro, pero al corazón lo prueba el SEÑOR.

PROVERBIOS 17:3 NVI

Nadie dijo que llegar de donde estás a donde quieres estar en tu caminar con Dios fuera fácil.

Jesús advirtió que tendrías problemas en este mundo (Juan 16:33). Santiago dijo que debes regocijarte en las pruebas por lo que producen en ti (Santiago 1:2-4). Pablo comparó esta vida con una disciplina atlética dura (1 Corintios 9:24-27). Salomón lo comparó con el oro en el fuego del refinador (Proverbios 17:3).

Cuando sigues a Cristo con todo tu corazón, vives una vida que desafía al mundo que te rodea y eso puede provocar una respuesta hostil. El mundo lo odia a él y a todos los que lo siguen. Eso te lleva a la guerra espiritual. Tu enemigo usa todo su poder para engañarte, bloquear tu camino y asegurarse de que pagues un alto precio por seguir a Dios.

A menudo se tiende a huir de las luchas y a molestarse por ellas. Queremos gloria sin la cruz. Pero nunca sucede de esa manera. Nadie dijo que sería fácil... ¡simplemente vale la pena!

Amado Dios, sé que tú quieres lo mejor para mí,
así que purifícame como el oro se funde en el crisol
para que las impurezas puedan ser eliminadas.
Ayúdame a rendirme a tu proceso.

LA FIEBRE DEL ORO

«La sabiduría es más valiosa que el oro y el cristal».

JOB 28:17 NTV

La fiebre del oro en California comenzó el 24 de enero de 1848. Al año siguiente, unos 300.000 buscadores corrieron a California con la esperanza de hacerse ricos. Suena emocionante, pero este fue un período oscuro en la historia de Estados Unidos.

Para 1855, cuando terminó la locura, unas 4.200 personas habían sido asesinadas, 5.300 mineros habían muerto de hambre o sin medicinas, 1.400 personas se habían suicidado, 1.700 se habían vuelto locas y 120.000 nativos americanos habían sido exterminados. «Porque raíz de todos los males es el amor al dinero» (1 Timoteo 6:10 RVR1960).

Es posible que hayas tenido la idea de que lo que construyó este país fueron los eventos más duros, como la fiebre del oro. Pero el mérito le pertenece a otra parte. Durante esta misma época, muchos pioneros creyentes en la Biblia viajaron a través de Estados Unidos para reclamar una granja y trabajar con paciencia la tierra. Para ellos, el contentamiento y la sabiduría eran las mayores riquezas.

«Los avaros tratan de hacerse ricos de la noche a la mañana, pero no se dan cuenta de que van directo a la pobreza» (Proverbios 28:22 NTV). Hoy, al igual que en los días de la fiebre del oro, el altruismo, el trabajo duro y la paciencia son verdadera sabiduría a largo plazo.

Padre amado, ayúdame a comprender que los principios y valores eternos son mucho más importantes que las riquezas terrenales. Ayúdame a comprender esto en lo más hondo de mi corazón.

DIOS NUNCA SE RINDE

¡El Señor llevará a feliz término su acción en mi favor! Señor, tu
amor es eterno; ¡no dejes incompleto lo que has emprendido!

SALMOS 138:8 DHH

¿Alguna vez ha sentido pánico, viendo cómo los días de tu vida se extienden ante ti y no sabes cómo usarlos de la mejor manera posible? Si has sentido algo así, consuélate con estas verdades:

- Dios es el autor de tu fe; él está escribiendo tu historia (Hebreos 12:2).

- Dios no es un Dios de caos. Él está poniendo tu vida en orden (1 Corintios 14:33).

- Dios comenzó una buena obra y la completará en ti (Filipenses 1:6).

- Dios salva por medio de su poder, gracia y amor.

Siempre tienes acceso al Dios que está remodelando tu corazón, reordenando tu dirección y dando propósito a tu mañana.

Dios es fiel y no te abandonará. Habrá momentos en que seas obstinado y no estés dispuesto a escuchar, pero él no se rendirá desesperado. Él te esperará, te animará y pondrá señales de cambio de dirección en tu camino.

Se puede confiar en que él hará su parte. Aunque es Dios quien hace el trabajo, la transformación de tu vida requerirá tu cooperación.

Señor, gracias por no rendirte conmigo, incluso en los momentos
en que me aparté de ti. Gracias por restaurarme.

VIVIR EN DIOS

Pero ustedes no están dominados por su naturaleza pecaminosa.
Son controlados por el Espíritu si el Espíritu de Dios
vive en ustedes.

ROMANOS 8:9 NTV

Cuando fallas, a menudo te esfuerzas más. Te recuerdas a ti mismo que sabes distinguir el bien del mal, así que todo lo que tienes que hacer es controlarte y redoblar tus esfuerzos. Después de todo, Dios te dio sus leyes, así que ¿no debería ser fácil obedecerlas?

Pero si tú eres como la mayoría de los hombres, te has convertido en un maestro en estar al filo del pecado esperando no caer de ese filo. Ni toda la autodisciplina ni todas las buenas intenciones han tenido nunca un éxito garantizado en mantenerte alejado del pecado, porque simplemente no son suficientes.

Dios envió un Ayudador llamado Espíritu Santo para que fuera tanto un compañero como un guía. Sin embargo, a menudo ignoras su influencia y consejo. Dios quiere ayudarte a evitar el pecado, pero necesitas estar dispuesto a aceptar su ayuda. Pídele a Dios que abra tu corazón a la guía del Espíritu, y pregúntale al Espíritu mismo qué te quiere mostrar hoy.

Dios, solo puedo hacerlo si vivo mi vida en ti. Perdóname por
tratar de mejorar por mis propios esfuerzos. Lléname
con tu Espíritu para ser guiado diariamente por ti.

UNA RED DE AMIGOS FIELES

«Les recomiendo...».

Romanos 16:1-16 NVI

Es una lista impresionante.

Al final de su carta a los Romanos, Pablo se toma tiempo para saludar, elogiar y expresar su gratitud a veinticinco personas y, en algunos casos, a sus congregaciones. Eran de gran valor para el ministerio de Pablo. Sus logros no habrían sido posibles sin ellos.

Hacer este viaje solo no es más difícil, es imposible. Necesitas aliados que te acompañen en el camino. Necesitarás ayuda en el recorrido. Los aliados de Pablo fueron sus benefactores, sus compañeros de trabajo y sus amigos. Incluso menciona que la madre de Rufo había sido como una madre para él (Romanos 16:13).

Además, cada una de estas personas lo apoyó y animó en el camino. Juntos proporcionaron una red de apoyo material, emocional y espiritual. Cuando Pablo sufría, ellos lo consolaban. Cuando Pablo se desanimaba, ellos lo animaban. Pablo logró grandes cosas y alcanzó grandes alturas sobre sus hombros.

Necesitas construir una red de este tipo y trabajar para mantener fuertes estas relaciones. Simplemente no se puede «ir solo».

Señor, por favor, ayúdame a ser un buen amigo de mis amigos,
a apoyarlos, animarlos e invertir tiempo en ellos,
como yo deseo que lo hagan por mí.

NO PERDER EL RUMBO

Por eso es necesario que prestemos más atención a lo que hemos oído, no sea que perdamos el rumbo.

HEBREOS 2:1 NVI

La mayoría de las personas que dejan la fe en Dios no toman una decisión repentina y deliberada para hacerlo. Más bien, se vuelven gradualmente más fríos ante el Señor; pierden el interés en orar, leer la Palabra y tener comunión con otros; y, con el tiempo, valoran cada vez menos su relación con Dios.

Hebreos 2:3 (NVI) pregunta: «¿cómo escaparemos nosotros si descuidamos una salvación tan grande?». Pero eso es lo que muchos hacen. Ignoran a Dios. Con el tiempo uno se vuelve «tan corto de vista que ya ni ve, y se olvida de que ha sido limpiado de sus antiguos pecados» (2 Pedro 1:9 NVI). A menudo siguen cumpliendo con las formalidades de ser cristianos, pero su corazón no está en ello. Se cuestionan los fundamentos de su fe y creen que son irrelevantes para la vida en el mundo moderno.

¿Cómo puedes evitarlo? Debes prestar mucha atención a lo que has escuchado de la Biblia. Cuando escuches la Palabra, reflexiona profundamente y deja que te cambie. Ora para que Dios renueve tu relación con él.

Amado Dios, mantenme cerca de ti, amándote, ¡hambriento de tu Palabra y de tu Espíritu! No permitas que me aleje de ti. En el nombre de Jesús te lo pido. Amén.

NERVIOSO, NERVIOSO, NERVIOSO

*Porque ante todo les transmití a ustedes lo que yo mismo recibí:
que Cristo murió por nuestros pecados según las Escrituras, que
fue sepultado, que resucitó al tercer día según las Escrituras.*

1 CORINTIOS 15:3-4 NVI

Eres embajador de Dios. Esto significa que las personas tomarán
como propio de Dios todo lo que digas de él. Además, si lo
que le dices a la gente acerca de Dios es incorrecto, él no va a
respaldarlo. Será mejor que lo expliques correctamente, o Dios te
hará responsable. Y también el mundo.

Por eso las historias que él te pide que cuentes son tan
impresionantemente sencillas. Ya sea que se trate de la historia
de Jesús o de que tú les cuentes a otros tu propia historia, es casi
imposible equivocarse con ambas. Además, tienes al Espíritu
Santo que te respalda, que les da poder a tus palabras y que te
hace rectificar si te desvías.

Y te ha dejado su Palabra, que habla de Jesús y de lo que hizo
para salvarte, de forma reiterada y clarísima. Es inconfundible. ¡Y
seguro que te sabes tu propio testimonio! Esto no es metafísica.
Hay poco motivo para estar nervioso.

*Señor, ayúdame a explicar con precisión el mensaje
del evangelio a los demás, sin dar una impresión equivocada,
pero contándolo de manera simple y llana.*

PREPARARSE

Ama al Señor tu Dios, obedécelo y sé fiel a él,
porque de él depende tu vida.

DEUTERONOMIO 30:20 NVI

Los israelitas se acercaban al mayor desafío de sus vidas, y Moisés quería que estuvieran listos. Nosotros también nos enfrentaremos a grandes desafíos, momentos en los que sentimos estar en una situación de vida o muerte.

Las instrucciones de Moisés no tenían nada que ver con ser un ejército conquistador y tenían todo que ver con una relación correcta con Dios. Las estrategias y técnicas no habrían importado si los israelitas no hubieran tenido una preparación espiritual. Moisés dio cuatro instrucciones (Deuteronomio 30:20):

Primero, ama a Dios. Siempre seguirás a tu mayor amor. Si él no es tu único gran amor, vacilarás cuando se te pida que te sacrifiques por lo que realmente amas.

Segundo, escucha a Dios. Dios te habla a través de su Palabra, su Espíritu y su pueblo. Él te guiará si sigues su voz.

Tercero, vincula tu vida a la suya. Debes agarrarte a Dios con puños de hierro. Él no te dejará, pero tú debes aferrarte a él.

Por último, apóyate en sus promesas. Dios ha hecho muchas promesas. Él las cumplirá, pero tú debes tener fe en ellas.

Amado Señor, por favor, dame un corazón para amarte. Quiero escucharte, estar unido a ti y confiar en tus promesas.

RODEADO DE PROBLEMAS

«En el mundo, ustedes habrán de sufrir;
pero tengan valor: yo he vencido al mundo».
JUAN 16:33 DHH

La Biblia afirma que «con todo, el hombre nace para sufrir, tan cierto como que las chispas vuelan» (Job 5:7 NVI). Jesús mismo prometió que «En este mundo afrontarán aflicciones» (Juan 16:33 NVI). Literalmente lo garantizó, y es tan probable que suceda un día como al siguiente.

Muchos problemas serios los causan los ataques implacables de tu enemigo espiritual. En su himno «Castillo fuerte es nuestro Dios», Martín Lutero escribió que «nuestro antiguo enemigo procura hacernos sufrir», pero Dios es nuestra ayuda «en medio del diluvio de males mortales». Termina con esta declaración triunfal: «Y aunque este mundo, lleno de demonios, amenace con destruirnos, no temeremos, porque Dios ha querido que su verdad triunfe a través de nosotros».

Así que, a pesar de tus problemas, ¡ánimo! Jesús ha vencido al mundo y, a pesar de todos los problemas que Satanás te presenta, Dios finalmente te dará la victoria. Tal vez termines algo magullado, pero Dios vencerá. No te abandonará.

Padre, gracias por estar conmigo, a pesar del diluvio de males
mortales que quiere hacerme desaparecer. ¡Ayúdame, Señor!
Haz que tu verdad triunfe a través de mí.

ELECCIONES Y CONSECUENCIAS

«A todo el que se le ha dado mucho, se le exigirá mucho».
Lucas 12:48 nvi

Cuanto más de Dios experimentas, más espera él de ti. Una de las barreras para una mayor vida espiritual es no darse cuenta de que al llamado de Dios lo acompaña su gozo. Pero ¿por qué? ¿Por qué no eres libre de disfrutar de conocer a Dios sin la carga del servicio?

Primero, crecer en Dios no es un asunto exclusivo de ti. También se trata de la gloria de Dios en el mundo.

Segundo, crecer en Dios te prepara para participar en su gran obra en el mundo. Tu relación con él es preciosa. Pero Dios quiere que todos conozcan ese gozo y te ha elegido como su emisario.

Tercero, crecer en Dios te fortalece para los inevitables desafíos que enfrentarás. Tú lo conoces y sabes que él te fortalecerá, te sostendrá y estará contigo.

Por último, es bueno para ti. Fuiste creado para vivir a propósito por una gran causa. No se puede cumplir ese destino o conocer esa satisfacción sin una gran misión.

¿Qué es lo que Dios te está llamando a hacer?

Señor, te doy gracias por cómo me has bendecido, enseñado y preparado para el trabajo que tienes para mí. Ayúdame a levantarme con rapidez y obedecer cuando tú me llamas.

¿CUÁNTO TIEMPO HA PASADO?

«Muéstrale tus prodigios,
como cuando lo sacaste de Egipto».
MIQUEAS 7:15 NVI

Las mujeres saben que es la tumba correcta. Tiene la misma piedra, aunque ha sido removida. Y esa es la tela con la que estaba envuelto el cuerpo de Jesús, con sangre y todo. Pero de repente aparecen dos ángeles con vestiduras brillantes. Las mujeres están aturdidas y asombradas. Algo inimaginable está sucediendo. Pero el mensaje de los ángeles es sencillo: «Vayan y cuéntenselo a los discípulos».

Cuarenta días después, Jesús está hablando y una nube baja por la ladera —lo habían visto mil veces en estas colinas—, pero esta nube vuela de nuevo al cielo con Jesús sobre ella, con las manos extendidas. Entonces, mientras los discípulos están perplejos por lo que acaban de ver, aparecen dos ángeles con vestiduras resplandecientes y preguntan: «¿Qué hacen aquí parados?».

¿Cuánto tiempo ha pasado desde la última vez que las maravillas de Dios te dejaron sin palabras? ¿Has visto la gracia en la confianza de un niño, la grandeza de una puesta de sol o la belleza impresionante de un bosque? ¿Cuánto tiempo ha pasado desde la última vez que te paraste boquiabierto y maravillado?

Dios, gracias por las pequeñas maravillas y milagros que me muestras, a menudo día a día. Ayúdame a no ignorar esos momentos de asombro. Te ruego que no dejes de revelarte a mí.

LIBERARSE DE LA FALTA DE PERDÓN

Sean buenos y compasivos unos con otros, y perdónense
mutuamente, como Dios los perdonó a ustedes en Cristo.

Efesios 4:32 dhh

⬡ ⬡ ⬡

¿En quién pasas más tiempo pensando? ¿En aquellos a quienes amas? Tal vez, pero puede haber otro grupo de personas que llenan tus pensamientos, a veces cada día: aquellos que te han herido.

Puedes repetir sus ofensas una y otra vez. A menudo, cuanto más piensas en ellos, más te enojas. Cuanto más enfadado estás, más daño sientes. Cuanto más daño sientes, más culpa le atribuyes al ofensor.

Sin embargo, puedes perdonar incluso cuando no hay disculpa, incluso cuando el ofensor no pide perdón. Pero el perdón no implica una renovación automática de la amistad o la confianza. Puedes perdonar una ofensa, pero, si el ofensor no cambia su comportamiento, es posible que no vuelvan a tener confianza entre ustedes.

Debes perdonar como Dios te perdonó para evitar que brote en tu corazón una «raíz amarga» (Hebreos 12:15 nvi). ¿Estás dispuesto a dejar de lado las ofensas a las que te estás aferrando?

Amado Dios, por favor, ayúdame a perdonar a aquellos
que me han herido o me han hecho mal. Y dame sabiduría
en cuanto a cuánto debería confiar en ellos.
En el nombre de Jesús te lo pido. Amén.

INVERTIR EN EL REGALO DE DIOS

Los hijos son un regalo del Señor;
son una recompensa de su parte.

SALMOS 127:3 NTV

Dios quiere que veas la paternidad como un gran privilegio y una gran responsabilidad. Él no quiere que descuides las oportunidades de invertir en tus hijos, sino que aprendas quiénes son, qué les interesa y qué es lo que les comunica tu amor de manera más efectiva para que puedas enseñarles los caminos de Dios.

Deberías considerar tu papel como padre como una de las responsabilidades más importantes de tu vida, o, si aún no eres padre, de tu futuro. No podrás llevarte dinero, premios ni la camiseta de tu equipo favorito al cielo, pero puedes construir relaciones con tus hijos que te permitan compartir tu fe con ellos.

Jesús invitó a los niños a venir a él. Como padre, tú también debes reunir a tus hijos en tus brazos y bendecirlos. Dios describe su «recompensa» para ti como una relación continua, no como un regalo de una sola vez. ¿Por qué? Tus inversiones diarias tienen un impacto mayor que una recompensa al final de la vida. Tus hijos quieren tener tiempo de calidad contigo. Decídete a dárselo.

Señor, por favor, muéstrame cómo y cuándo puedo invertir
en la vida de cada uno de mis hijos. Hazles saber con claridad
que los amo y que son importantes para mí.

PROSPERIDAD Y ÉXITO

*«Recita siempre el libro de la ley y medita en él de día
y de noche; cumple con cuidado todo lo que en él está escrito.
Así prosperarás y tendrás éxito».*

JOSUÉ 1:8 NVI

Todo hombre anhela ser próspero y exitoso en la vida. Tú también deseas tener una ocupación significativa y mantener a tu familia. Quieres vivir la vida para Dios y al final escucharlo decir: «¡Hiciste bien, siervo bueno y fiel!» (Mateo 25:21 NVI).

El deseo de Josué de ser próspero y exitoso no era diferente al tuyo. Y su nivel de exigencia era desesperadamente alto. Además de dirigir una familia, también dirigía a una nación hacia un territorio hostil. Pero el Señor le dio la fórmula del éxito: centrarse en la Palabra de Dios, la cual conduce a una confianza resuelta en él.

No te pierdas esta palabra: el *único* camino seguro hacia la prosperidad y el éxito, como Dios los define, es leer y seguir fielmente su Palabra. Él ha provisto el camino con su promesa de éxito en su Palabra. Sigue ese modelo y puedes estar seguro del éxito.

*Señor, enséñame lo que son el verdadero éxito y la verdadera
prosperidad. Dame el enfoque correcto en la vida
para que pueda complacerte en todas las cosas
y ser bendecido de verdad.*

ADORAR, SOMETERSE Y CONECTARSE

«Por tanto, vayan y hagan discípulos de todas las naciones».

MATEO 28:19 NVI

Los discípulos habían visto a Jesús crucificado y resucitado de entre los muertos, y pasaron cuarenta días con él (Mateo 28:16-20; Marcos 16:14-20). Su viaje los cambió completamente, y tu viaje debería cambiarte a ti.

«Cuando lo vieron, lo adoraron» (Mateo 28:17 NVI). Tu viaje espiritual debe cambiar qué es lo que tiene el valor supremo en tu vida. Es posible que disfrutes de las cosas de este mundo, pero ya no pones tu foco solo en ellas.

«Se me ha dado toda autoridad en el cielo y en la tierra» (Mateo 28:18 NVI). Cristo es la autoridad, no tú. Tú te sometes a él y procuras sus propósitos.

«Y les aseguro que estaré con ustedes siempre, hasta el fin del mundo» (Mateo 28:20 NVI). El mejor resultado es tu conexión con Cristo y su presencia permanente contigo.

«Pero algunos dudaban» (Mateo 28:17 NVI). Ver a Cristo resucitado no convenció a todos sus discípulos. Puedes esperar que queden dudas y luchas, que intensifican tu búsqueda de más de Dios. Las dudas no son fracasos. ¡Son la prueba de tu hambre de Dios!

Dios, te pido que me transformes continuamente para que tengas tú el valor supremo para mí. Que pueda seguir tus propósitos y habitar en tu presencia. En el nombre de Jesús te lo pido.

DISTRAERSE

«Mientras este servidor de Su Majestad estaba ocupado
en otras cosas, el hombre se escapó».

1 Reyes 20:40 NVI

Un día, un profeta de Dios llamó al rey Acab después de una campaña crítica y le dijo: «Tu siervo se metió en medio de la batalla, y alguien vino a mí con un cautivo y me dijo: "Hazte cargo de este hombre. Si se te escapa, pagarás su vida con la tuya". Mientras este servidor de Su Majestad estaba ocupado en otras cosas, el hombre se escapó» (1 Reyes 20:39-40 NVI).

Muchos hombres, en ocasiones, se han ocupado tanto con un poco de aquí y de allá que no se han concentrado en lo que era verdaderamente importante. Se permitieron desviarse en lo no esencial y, antes de darse cuenta, habían dilapidado su tiempo.

Debes cultivar la virtud del autocontrol (2 Pedro 1:6 NVI). Pablo dijo que el hombre de Dios debe ser «santo y disciplinado» (Tito 1:8 NVI). Aunque te aburras con una tarea, haz el esfuerzo de concentrarte en ella y terminarla. O incluso si quieres evitar una responsabilidad porque es difícil o desagradable, remángate y hazla. Te alegrarás de haberlo hecho.

Señor, ayúdame a concentrarme en las cosas que necesito
llevar a cabo y no dejes que nada me distraiga.
Ayúdame a ser diligente y fiel. Amén.

AMAR AL PECADOR...

Compadézcanse de los demás, pero tengan cuidado; aborrezcan
hasta la ropa que haya sido contaminada por su cuerpo.

JUDAS 1:23 NVI

«Ama al pecador, odia el pecado». Este es uno de esos clichés que no aparecen en la Biblia pero que están basados en la verdad bíblica. La Biblia enseña que Dios odia el pecado y que tú también debes odiarlo. En Salmos 97:10 (NVI) dice: «El Señor ama a los que odian el mal».

Por otro lado, la Biblia exhorta a los creyentes a «ama[r] a tu prójimo como a ti mismo» (Marcos 12:31 NVI) y a tratar a los demás con respeto. Además, así como no sería correcto por parte de un médico negarse a decirle a un paciente que está enfermo y que morirá a menos que reciba tratamiento, no muestran amor los cristianos al no decirles a los pecadores que necesitan ser salvados de la muerte eterna.

Así que odia el pecado. Ódialo tanto como para hacer todo lo necesario para ver que la gente se salve de sus consecuencias. Al mismo tiempo, ama tanto al pecador como para orar por él y darle testimonio todo el tiempo que sea necesario.

Dios, enséñame a odiar el mal y a amar a los oprimidos
por él. Que les muestre compasión, aunque
me duelan las cosas que hacen.

EL TRABAJO ES UN REGALO

En cambio, usa tus manos en un buen trabajo digno y luego
comparte generosamente con los que tienen necesidad.

EFESIOS 4:28 NTV

El trabajo es idea de Dios. Puedes estar ansioso por el fin de semana, pero la idea del trabajo de Dios tiene un propósito.

Mientras Dios podía llamar al mundo a la existencia con solo su palabra, el hombre necesitaba usar sus manos y capacidades para mantener las cosas. Dios creó a los seres humanos de modo que usaran sus mentes para completar el trabajo.

Cuando trabajas, puedes usar parte del dinero que ganas para ayudar a los que no pueden hacerlo. El trabajo aporta finanzas para satisfacer las necesidades de tu familia, ofrece un sentido de propósito, emprende ideas que ayudan a otros y te da un sentido de satisfacción al final del día.

Si piensas en el trabajo como una carga pesada de soportar, no lo entiendes. El trabajo, del tipo que sea, te proporciona un medio para ayudar a otros con algo que Dios te ha dado.

Tu perspectiva de tu trabajo cambiará cuando lo veas como un regalo que tiene la capacidad de bendecir a otros, honrar a Dios y mantener tu mente centrada.

¡Te doy gracias por mi trabajo, amado Dios! Gracias por las partes
que realmente disfruto, y gracias por las partes menos agradables
que puedo cumplir con la gracia y la fuerza que me das.

HABLAR CON UNO MISMO

¿Por qué voy a inquietarme? ¿Por qué me voy a angustiar? En
Dios pondré mi esperanza y todavía lo alabaré.
¡Él es mi Salvador y mi Dios!

SALMOS 42:5 NVI

¿Alguna vez miras las dificultades y pruebas en tu vida y luego empiezas a hablar contigo mismo? En un momento u otro, puede que hayas pensado:

No hay forma de salir de esto.

Las cosas no van a mejorar... al menos no en un futuro cercano.

Así es como van a ser las cosas para mí: no hay nada que pueda hacer al respecto.

¡Esto no es justo!

Sabes que hay que tener cuidado para no escuchar las voces del mundo y del diablo. Pero también es importante que no permitas que tu propia voz ahogue la de tu Padre celestial. Cuando te encuentres murmurando sobre lo desesperado de tu situación, presta atención al Señor, que es lo suficientemente grande como para tomar el control de todo lo que sucede a tu alrededor.

Como dijo el apóstol Pedro: «Depositen en él toda ansiedad, porque él cuida de ustedes» (1 Pedro 5:7 NVI).

Amado Señor, perdóname por pensar en mis dificultades
y en mis pensamientos negativos. Ayúdame a confiar en que tú
cambiarás estas situaciones. ¡Ayúdame a no perder la esperanza!

ELÍAS, MENTOR DE ELISEO

Elías y Eliseo salieron de Guilgal.

2 REYES 2:1 NVI

La relación de Eliseo con su mentor, Elías, fue esencial para su crecimiento. Eliseo no podría haber cumplido el llamado de Dios en su vida sin Elías. De la cita sobre el último día que estuvieron juntos, se descubren cinco cualidades esenciales de un mentor (2 Reyes 2:1-18).

Primero, Elías y Eliseo estaban juntos. Eliseo sabía que había llegado el momento de separarse, pero pospuso la despedida final tanto como pudo. Eliseo seguía negándose a quedarse sin Elías.

Segundo, Elías era desinteresado, dispuesto a darle de sí mismo a Eliseo aun en el último momento. «¿Qué quieres que haga por ti antes de que me separen de tu lado?» (2 Reyes 2:9 NVI).

Tercero, Elías continuó enseñando a sus discípulos, demostrando prácticas que Eliseo necesitaba para completar su viaje (2 Reyes 2:8, 14).

Cuarto, Elías invirtió en Eliseo. Pasó tiempo con él y le enseñó después de que obedeció el llamado a seguirlo (1 Reyes 19:19-21).

Quinto, Elías tenía lo que Eliseo quería: el manto, que representaba el poder y la presencia de Dios. Los mentores pueden ser de gran ayuda para nosotros.

Dios, ayúdame a tener una relación estrecha con otros hombres piadosos, tal como Eliseo la tuvo con Elías.
Ayúdame a seguir su ejemplo.

EL AMOR NO HACE DAÑO

El amor no hace mal al prójimo;
así que el cumplimiento de la ley es el amor.

ROMANOS 13:10 RVR1960

Los cinco libros de Moisés contenían la ley de Dios, y la abrumadora mayoría de estas leyes se reducían a este simple precepto: no hacer daño al prójimo. Pablo dijo que, si amabas a tu prójimo, automáticamente cumplirías la ley, porque evitarías hacerle daño. Por eso debes permitir que tu vida sea gobernada por el amor de Dios.

Como varón, tal vez sientas que debes ser rudo y duro; no puedes dejar que nadie se aproveche de ti; debes ser firme en los negocios y no mostrar nunca debilidad. Amar a los demás y ser amable puede parecer blando y débil.

No es así. Puedes ser amable con los débiles, pero también puedes ser duro cuando lo necesites. Puedes ser asertivo en los negocios; si le añades amor a la mezcla simplemente eres honesto y justo. Puedes actuar con justicia hacia los demás sin dejar que nadie se aproveche de ti. Amar a los demás requiere valor y fuerza y demuestra que eres un verdadero hombre de Dios.

Amado Señor, ayúdame a no hacer daño a mis semejantes
en mi vida personal ni en mis negocios. Ayúdame a ser fuerte,
pero también a ser gobernado por tu amor.

HABLAR DE OTROS

Puede que sepas manejarte bien para evitar los pecados «grandes». Tú no cometes asesinato ni adulterio, y nunca se te ocurriría robar.

Pero es posible que no seas tan cuidadoso en lo que respecta a cómo hablar de otras personas. Sin darte mucha cuenta, puedes hacer comentarios poco edificantes sobre los miembros de la familia, las personas con las que trabajas, tus líderes espirituales, etc.

La Biblia tiene mucho que decir sobre alguien que habla mal de otras personas, y nada de ello es bueno. Echa un vistazo a estas descriptivas palabras bíblicas (RVA) sobre alguien que se dedica a los chismes: detractor (Salmos 15:3), curioso (1 Timoteo 5:13), inventor de males (Romanos 1:30) y chismoso (Proverbios 11:13; 16:28).

Dios se toma en serio las cosas que dices de los demás y te advierte en su Palabra que los chismes (incluso cuando lo que dices es cierto) tienen consecuencias muy serias, aquí en este mundo y en el venidero.

Dios, te pido que llenes mi corazón de amor y preocupación
por los demás para que, cuando abra mi boca para hablar
de ellos, solo diga cosas buenas y alentadoras.

LA EXCELENCIA EN EL TRABAJO

¿Has visto hombre solícito en su trabajo? Delante de los reyes estará; no estará delante de los de baja condición.

Proverbios 22:29 RVR1960

Es fácil quedarse estancado en trabajar solo por un salario, pero los cristianos somos llamados a trabajar para la gloria de Dios (Colosenses 3:17). Un hombre que sobresale en su trabajo es diligente. Estudia lo que está bien y lo ajusta para mejorarlo. Conoce las necesidades de sus clientes y las supera. Es rápido, preciso y rápido para hacer arreglos cuando ve la necesidad.

José fue vendido como esclavo, pero trabajó duro y encontró el favor del faraón, quien lo ascendió a segundo al mando. Literalmente estuvo delante de la realeza, como dice el versículo de hoy. Pero incluso aquellos de nosotros que nunca estamos ante la nobleza nos presentaremos ante el Rey de reyes algún día.

¿Cómo sería para ti sobresalir? ¿Implicaría amar a un jefe que no es fácil de amar? ¿Significaría dejar que se atribuya el mérito de tus ideas? ¿Implicaría ir más allá del cometido de tu trabajo para beneficiar a la empresa?

Señor, ayúdame a sobresalir en mi trabajo, a hacer lo mejor que pueda, a hacer que la gente piense en ti, el Dios que me inspira a hacer un buen trabajo.

TRANSFORMADOS

Así, todos nosotros [...] somos transformados a su semejanza.

2 Corintios 3:18 NVI

Pablo delineó el proceso de transformación en 2 Corintios 3:18.

Primero, los creyentes se encuentran con Dios *«con el rostro descubierto».* No hay lugar para fingir ni para ser arrogante. Te ves a ti mismo con claridad y sabes quién eres: un pecador que necesita un Salvador, un débil que necesita fuerza y un necio que necesita sabiduría.

En segundo lugar, *«contemplas la gloria del Señor».* Como Moisés, te transformas al dirigirte hacia la gloria de Dios. Captas su verdadera majestad y la maravilla infinita de su amor. Te quedas abrumado en su presencia.

Tercero, todo esto es *«por la acción del Señor».* ¡No puedes hacer nada de eso por ti mismo! No importa con cuánta intensidad lo intentes, cuán disciplinado, obediente o religioso seas, sigues siendo un pecador. Si Dios no te cambia, tú no puedes cambiar.

Cuarto, eres *«transformado a su semejanza».* ¡Tu destino es ser como Jesús!

Por último, te transformas *«con más y más gloria».* La transformación es un proceso, no un acontecimiento. Sigues cambiando y nunca experimentarás toda la gloria que él anhela darte.

Amado Dios, por favor. continúa trabajando en mi vida día tras día, incluso en los días en que me siento lejos de ti, poco espiritual e indigno. Gracias porque nunca te das por vencido conmigo.

EL AMOR DA... NECESARIAMENTE

«No tengan miedo, mi rebaño pequeño, porque es la buena
voluntad del Padre darles el reino».

LUCAS 12:32 NVI

El apóstol Juan escribió que «Dios es amor» (1 Juan 4:8 NVI), y
Jesús mismo dijo que Dios amó tanto a la humanidad pecadora y
caída que dio su don más precioso: su Hijo unigénito (Juan 3:16).

Esa es la naturaleza del amor, ¿no? El amor, por su propia
naturaleza, no tiene otra opción que dar. El verdadero amor no
se puede esconder en el corazón, sino que debe encontrar su
expresión a través de lo que da al objeto de su amor. Y el Dios que
se identifica como la encarnación perfecta del amor no solo da,
sino que da *con alegría* y de manera *perfecta*.

Este amor perfecto que da es lo que el apóstol Santiago
señalaba cuando escribió: «todo don perfecto desciende de
lo alto, donde está el Padre que creó las lumbreras celestes, y
que no cambia como los astros ni se mueve como las sombras»
(Santiago 1:17 NVI).

Tu Dios es perfecto: perfecto en su santidad y perfecto en el
amor que da. Siempre lo ha sido y siempre lo será.

Padre celestial, gracias por tu amor y por los dones
que me das por tu Espíritu. Estoy agradecido de que supieras
exactamente lo que estabas haciendo cuando me creaste.

TODOS LOS OJOS ESTÁN PUESTOS EN TI

Así alumbre vuestra luz delante de los hombres, para que vean vuestras buenas obras, y glorifiquen a vuestro Padre que está en los cielos.

MATEO 5:16 RVR1960

La gente te observa y juzga constantemente si vives lo que predicas. Esto incluye a otros cristianos y a tus hijos. Por eso Pablo dijo: «Sé un ejemplo para todos los creyentes en lo que dices, en la forma en que vives, en tu amor, tu fe y tu pureza» (1 Timoteo 4:12 NTV).

Los incrédulos también observan, incluidos los que buscan una excusa para criticar. Pedro dice: «La voluntad de Dios es que la vida honorable de ustedes haga callar a la gente ignorante que los acusa sin fundamento alguno» (1 Pedro 2:15 NTV).

La gente te observa constantemente. Es el *plan* de Dios, una de sus principales maneras de dejar que el mundo vea lo que el evangelio puede hacer por una persona. Jesús dijo que los creyentes son una ciudad sobre colina donde todos pueden verlos y pensar en ellos.

Las personas se fijan *más* en ti cuando pasas por dificultades. Pablo dijo: «Dios nos ha exhibido [...] hemos llegado a ser espectáculo al mundo» (1 Corintios 4:9 RVR1960). Tu comportamiento cuando estás sufriendo comunica más eficazmente que un sermón.

Amado Dios, ayúdame a vivir para la verdad de todo corazón, sabiendo que la gente está observando para ver si mi fe es genuina. En el nombre de Jesús te lo pido. Amén.

VASIJAS VACÍAS

A pesar de todo, SEÑOR, tú eres nuestro Padre; nosotros somos el barro, y tú el alfarero. Todos somos obra de tu mano.

ISAÍAS 64:8 NVI

Es natural pensar que *tú* eres la razón por la que existes. Es la historia de humanidad una vez que los hombres «estimaron que no valía la pena tomar en cuenta el conocimiento de Dios» (Romanos 1:28 NVI). Es una ignorancia que se ha convertido en parte del ADN de la humanidad.

El hombre fue diseñado para ser llenado. Un alfarero hace los recipientes vacíos con un propósito. Esa característica de diseño es lo que mueve al hombre. Pero sin Dios es una búsqueda vana, como declaró el rey Salomón, quien lo probó todo para llenar su vacío: «Lo más absurdo de lo absurdo, ¡todo es un absurdo!» (Eclesiastés 12:8 NVI).

La carne y el mundo prometen llenar el vacío interior, pero siempre te dejarán vacío. Incluso las cosas buenas, sin Dios, te dejan insatisfecho. En el mejor de los casos, la vida de un hombre bueno, exitoso y decente es una vida de distracciones, si se hace sin propósito. Solo en Dios —Dios, tu Alfarero— encontrarás el propósito para el que fuiste diseñado.

Padre, me diseñaste hasta el más mínimo detalle de mi espiral de ADN. Tú trazaste el plan viviente para mi cuerpo y mi mente, y tú me formaste. ¡Me dejas maravillado, oh Dios!

LA CINTA DE PRECAUCIÓN DE DIOS

*... cambien su manera de pensar para que así cambie su manera
de vivir y lleguen a conocer la voluntad de Dios.*

ROMANOS 12:2 DHH

¿Qué pasaría si hubiera algo equivalente a la cinta amarilla de precaución para lugares, circunstancias y eventos que debes evitar? ¡Seguramente prestarías atención!

Si vas al cine y la película no parece estar de acuerdo con lo que le agrada a Dios, imagínate la cinta amarilla de precaución que te advierte que te mantengas alejado. Imagínate lo mismo para los individuos a los que la Biblia describe como «malas compañías». O tal vez necesites evitar las discusiones.

El Espíritu Santo de Dios vino a ser esa «cinta de precaución». No hay señales de aviso visibles, pero, si prestas atención, reconocerás esas advertencias tan claramente como cuando ves una cinta amarilla brillante que bloquea el camino a un área peligrosa.

Dios siempre ha provisto señales de advertencia, solo tienes que reconocerlas. Dios te dio la ayuda que necesitas, solo tienes que dejar de rechazarla. Si te humillas y fijas tu atención en Dios y en la guía que él provee en su Espíritu, él te ayudará.

*Señor, ayúdame a prestar mucha atención cuando
me susurras al corazón que no debo ir a cierto lugar, que
no debo ver cierto programa, o que no debo decir
esas palabras que entran en mi mente.*

DAR EJEMPLO

Hermanos, sigan todos mi ejemplo.

FILIPENSES 3:17 NVI

Cada hombre que busca a Dios está dirigiendo el camino para los demás. La pregunta es: ¿estás viviendo a la altura de la vida de Cristo en ti, o estás volviendo a los viejos hábitos y esquemas?

Pablo sabía que su vida estaba siendo observada. Su ejemplo importaba. Tus hijos, tus amigos y los incrédulos que te rodean todos los días también te observan. Puede que no lo pienses, pero es así. Pablo se tomó en serio esa responsabilidad.

Para ser un buen ejemplo, debes seguir el de otros que te anteceden en el camino del crecimiento espiritual. Pablo escribió: «fíjense en los que se comportan conforme al modelo que les hemos dado» (Filipenses 3:17 NVI). Tú das ejemplo siguiendo el ejemplo de los demás.

Además, debes tener integridad. No se trata de poner tu mejor perfil o de presentar una hermosa apariencia que esconde la verdad. La forma en que manejas tus defectos y fracasos, cómo lidias con los desafíos y las dificultades, y cómo respondes a las tentaciones son parte de ese ejemplo.

Hay escasez de hombres íntegros. Decide ser tú uno.

Amado Señor, ayúdame a ser como los hombres piadosos que admiro. Y haz que mi ejemplo, débil e imperfecto como es, inspire a otros a vivir por ti.

DI ALGO

Algunas personas siempre saben lo que tienen que decir. Y a menudo saben qué decir para animar a los demás cuando están deprimidos. Pero ¿qué pasa si no sabes leer la mente, sobre todo cuando se trata de las emociones de las personas? ¿Y si no eres muy comunicativo? ¿Y si, como tantos hombres, tienes un carácter serio y callado?

Salomón escribió: «y el dulce consejo de un amigo es mejor que la confianza propia» (Proverbios 27:9 NTV), y él también hablaba con los hombres. Nótese que este consejo es efectivo porque es «sincero». Mientras lo que digas sea con interés por el otro, no importa si carece de elocuencia. Lo más importante es que la persona sepa que te *preocupas* por ella.

Incluso si eres alguien de pocas palabras, puedes decir algo, sin importar cuán torpemente te expreses. ¿Y qué si no puedes leer las emociones de una persona? Puedes conocer su situación preguntando con delicadeza. Puedes decir lo correcto en el momento adecuado, aunque tropieces al decirlo.

Padre, por favor, dame las palabras que debo decirles a aquellos
que necesitan desesperadamente saber que me importan.
Dame el valor para hablar con amor y preocupación genuinos.

PREPARADO PARA EL ÉXITO

Y tendrás el favor y el aprecio
de Dios y de los hombres.

PROVERBIOS 3:4 DHH

Los hombres parecen estar programados para desear que los consideren personas de éxito. Si vas a la mayoría de las reuniones de reencuentro cada diez años de compañeros de la escuela secundaria, verás que los hombres hablan de su éxito, o quizás recurren a revivir sus éxitos de la secundaria.

Los hombres harán lo que crean que haga falta para reforzar su apariencia de éxito. Sin embargo, cuando llega el fracaso, algunos cambian completamente de dirección. Estos hombres aceptarán el fracaso como si fuera un amigo de siempre y vivirán como si el éxito ya no estuviera a su alcance.

Dios anhela que los hombres luchen por lo que es correcto. Él desea que dejes de creer que si te esfuerzas lo suficiente puedes hacer que todo juegue a tu favor.

Tu mayor éxito es ser un hombre de Dios *perdonado*, estar en una relación correcta con él. Así que centra tus esfuerzos en conocerlo y complacerlo. Entonces, mientras pones tu atención en lo que tu Padre celestial piensa, lo que piensen los demás no importará tanto.

Dios, ayúdame a preocuparme por lo que tú piensas y a tratar de agradarte. Sé que entonces tendré un gran éxito, independientemente de cómo vean mi vida los demás.

HONRAR LA DISCIPLINA Y EL COMPROMISO

*Comparte nuestros sufrimientos, como buen soldado
de Cristo Jesús. Ningún soldado que quiera agradar
a su superior se enreda en cuestiones civiles.*

2 TIMOTEO 2:3-4 NVI

Pablo veía a los soldados como un ideal de compromiso y devoción a una causa. Según Pablo, el soldado modelo prioriza los deseos del oficial al mando y evita las distracciones de los civiles. Un buen soldado existe con el único propósito de cumplir las órdenes de su superior. Los soldados no abandonan sus filas para discutir con civiles, ni siquiera para tratar sus propios asuntos. Su principal preocupación es su misión.

Los «soldados» de Cristo ganan al perder, al soportar con paciencia el sufrimiento y responder a la cultura circundante con humildad y mansedumbre. Hay muchos «asuntos civiles» que pueden alejarte de los propósitos de Dios, desde el entretenimiento hasta la acumulación de riqueza y las discusiones. Llevarás a cabo la misión de tu comandante de forma más eficaz cuando aprendas de la disciplina de los soldados que cumplen sus órdenes incluso en las circunstancias más exigentes.

*Dios mío, ayúdame a ser un buen soldado. Ayúdame a
mantenerme fuerte aunque sufra por tu causa. No dejes
que me distraiga con las preocupaciones de este mundo.
En el nombre de Jesús te lo pido. Amén.*

DEUDA DE TIPO VARIABLE

«Porque si ustedes perdonan a otros el mal que les han hecho,
su Padre que está en el cielo los perdonará también a ustedes;
pero si no perdonan a otros, tampoco su Padre les perdonará
a ustedes sus pecados».
MATEO 6:14-15 DHH

Si tienes un préstamo de tipo variable, entonces sabes que tu índice podría subir o bajar. El perdón funciona de manera similar. Cuando otros te lastiman, puede ser fácil pensar que es como un préstamo. Al ofenderte, han incurrido en una deuda que tú quieres que se pague.

Mientras llevas el registro de lo que te debe el ofensor, es posible que no sepas que también tú tienes una deuda. No importa cuánto interés le agregues a la deuda de otro, muchos ofensores nunca cumplirán tus expectativas de pago.

Las ofensas se producen. Cuando te niegas a perdonar, no obtienes nada: te apartas de Dios, que espera que extiendas el mismo perdón que él te ha dado. Cuando te apresures a perdonar, descubrirás que ahorras mucho tiempo y energía emocional... y te mantendrás conectado con Dios.

Dios, por favor, ayúdame a perdonar rápidamente. Por favor,
líbrame de guardar rencor por meses o incluso años.
Ayúdame a mantener un libro de cuentas limpio
y a perdonar como yo quiero ser perdonado.

RETIRO DESPUÉS DEL ÉXITO

*La fama de Jesús se extendía cada vez más, de modo
que acudían a él multitudes para oírlo y para que los sanara
de sus enfermedades. Él, por su parte, solía retirarse
a lugares solitarios para orar.*

LUCAS 5:15-16 NVI

Cada vez que experimentas el éxito, piensas, lógicamente, en cómo mantenerlo en marcha y construir sobre él. Jesús reaccionó de la manera opuesta. A medida que las multitudes que lo buscaban crecían, se retiraba para estar con Dios, para mantener su conexión con el Padre. Cuando Jesús experimentaba el éxito o comenzaba a ver llena su agenda, reconocía que era el momento de hacer una pausa.

Construir sobre la base del éxito no es necesariamente lo mejor para tu alma. Más bien, debes tomar medidas para alejarte de tus quehaceres en busca de la renovación espiritual. Esto no significa que abandones tu trabajo y te vayas a un largo retiro en la naturaleza.

Siempre que tengas un momento libre, tu primer paso debe ser hacia la oración, la reflexión sobre las Escrituras, o simplemente la reflexión sobre tu día para saber cómo orar. Puedes encontrar tiempo para orar aunque sea por unos minutos. Entonces siempre encontrarás tiempo para hacer tu trabajo.

*Dios, por favor, ayúdame a disciplinarme para tomarme un
tiempo a solas contigo, y no solo en la mañana, sino durante
todo el día, sobre todo cuando experimento el éxito.*

DÍAS MEJORES POR DELANTE

«Ciertamente olvidarás tus pesares,
o los recordarás como el agua que pasó».

JOB 11:16 NVI

A veces te hacen pasar por un valle de sufrimiento, y es posible que ni siquiera estés seguro de si vas a sobrevivir. Parece que te vas a estrellar. Tal vez desobedeciste a Dios o actuaste precipitadamente o con desconsideración hacia otros, y ahora las consecuencias de tus acciones están aumentando como las aguas de la marea. O tal vez los problemas han llegado a ti por causas ajenas a tu voluntad.

Sin embargo, por muy difíciles que sean tus circunstancias, pronto estarás riendo de nuevo y olvidarás tus problemas. Serán como aguas que se han evaporado. David dijo de Dios: «Porque solo un instante dura su enojo, pero toda una vida su bondad. Si por la noche hay llanto, por la mañana habrá gritos de alegría» (Salmos 30:5 NVI).

Dios no se complace en hacer sufrir a sus hijos. Él permite el sufrimiento, es cierto, pero por lo general solo dura lo suficiente para hacer algo bueno en tu vida. «Porque el SEÑOR consuela a su pueblo y tiene compasión de sus pobres» (Isaías 49:13 NVI).

Padre amado, confío en ti para que este tiempo de sufrimiento
pase por fin. Gracias porque volverás a darme alegría.

SI TE PERDISTE LA BENDICIÓN

«Que el Señor te bendiga y te proteja; que el Señor te mire
con agrado y te muestre su bondad; que el Señor
te mire con amor y te conceda la paz».

NÚMEROS 6:24-26 DHH

Lo que creías de ti mismo cuando eras un niño es probablemente lo que crees hoy. En muchos sentidos, puedes creer lo que te dijeron tus padres, tus amigos o los matones de la escuela. Todavía llevas tatuajes invisibles que te señalan como *el último a quien escogen, lento, estúpido* o *sin valor.*

En los días difíciles, te creerás lo que alguien te dijo cuando tenías cinco años. No importa si era cierto o no; lo darás por bueno aun cuando las pruebas sugieran lo contrario.

Si nadie te ha bendecido en tu vida, piensa en esto: antes de que nacieras, Dios conocía tu nombre, te formó en el vientre de tu madre y te llamó creación admirable (Salmos 139:13-16). Te creó para algo que solo tú puedes hacer.

Pecarás, pero Dios puede perdonarte. Nunca te abandonará. Él siempre te ha amado y todavía tiene un plan para ti.

No prestes atención a lo que otros te dicen; presta atención a tu llamado.

Dios, sea lo que sea lo que piense en mis peores días, sea lo que sea lo que piensen los demás de mí, tú me amaste antes de que yo naciera y me bendijiste. Ayúdame a recordarlo siempre.

LA NATURALEZA DEL AMOR

... si tengo una fe que logra trasladar montañas, pero me falta el
amor, no soy nada. Si reparto entre los pobres todo lo que poseo,
[...] pero no tengo amor, nada gano con eso.

1 Corintios 13:2-3 NVI

Te preguntarás: «¿Cómo podría dar todo lo que poseo para aliviar el sufrimiento de los pobres y *no* tener amor? ¿No es esa una prueba clara de amor?». Pero Pablo aclara que, si tienes motivos egoístas para hacerlo, no ganarás nada.

Pablo continúa en los versículos 4-7 dando la definición de amor. El amor *no* es jactancioso ni se enoja fácilmente; el amor es paciente, amable, humilde; honra a otros, busca el beneficio de los demás y no guarda ningún registro de los errores. Así que no basta con una muestra externa de caridad.

Jesús prometió que si tuvieras una fe grande podrías decirle a un monte: «Quítate y échate en el mar» (Mateo 21:21 RVR1960), pero Pablo añadió: «si tengo una fe que logra trasladar montañas, pero me falta el amor, no soy nada». Así que ama a Dios y a los demás.

Señor, ayúdame a amar de verdad, a ser motivado
por el amor en todo lo que hago, no solo a través
de gestos de generosidad y bondad.

DIOS TE PROTEGE

*Pero el Señor es fiel, y él los fortalecerá
y los protegerá del maligno.*

2 Tesalonicenses 3:3 nvi

Dios puede fortalecerte para que puedas resistir los ataques del diablo. Estos pueden ser pensamientos negativos, tentaciones sexuales, oleadas de miedo, accidentes, enfermedades inexplicables, o muchas otras cosas. Afortunadamente, no tienes que depender de tu *propia* fuerza para soportarlos.

Jesús instruyó a los creyentes a orar: «Padre nuestro que estás en el cielo [...] líbranos del maligno» (Mateo 6:9, 13 nvi). Ya que Jesús te ordenó que oraras así, puedes esperar que Dios te responda. Jesús le dijo a su Padre: «te pido [...] que los protejas del maligno» (Juan 17:15 nvi). Jesús también está intercediendo para que el Padre te proteja.

Pablo dijo: «El Señor es *fiel*, y él los fortalecerá y los protegerá del maligno» (2 Tesalonicenses 3:3 nvi, énfasis añadido). Por supuesto, tienes que esforzarte un poco. Como dice Efesios 6, debes mantenerte firme, aferrarte a tu escudo de la fe y resistir al diablo. Si te mantienes firme, Dios te hará victorioso.

---

*Padre amado, por favor, escucha mi oración. Estoy sufriendo
un ataque espiritual. ¡Necesito tu ayuda hoy! Por favor, líbrame
del maligno. En el nombre de Jesús te lo pido. Amén.*

JESUCRISTO, CREADOR Y SUSTENTADOR

*En estos días finales nos ha hablado por medio de su Hijo. A este
lo designó heredero de todo, y por medio de él hizo el universo. El
Hijo es el resplandor de la gloria de Dios, la fiel imagen de lo que
él es, y el que sostiene todas las cosas con su palabra poderosa.*

HEBREOS 1:2-3 NVI

Nunca podremos excedernos en honrar a Jesucristo. Consideremos
dos maneras en que él es honrado en relación con todas las cosas.

1. **Como Creador del universo.** El hecho de que Jesús es el
   Creador de todas las cosas se enseña en Juan 1:3, Colosenses
   1:16 y otros pasajes. *Tú* eres parte de su creación. A veces
   te cuesta trabajo tener una correcta autoestima. Esto no es
   algo que obtengas por esfuerzo; es algo que Dios ha soplado
   en ti desde el principio.

2. **Como Sustentador del universo.** Te sustentas no por tus
   propias fuerzas, sino por Jesucristo. Experimentas ese
   fortalecimiento al leer la Biblia, meditar en ella, orar,
   adorarlo, leer devocionales, pasar tiempo con otros
   cristianos, amar a tus vecinos y compartir tu fe con ellos.

*Señor Jesús, te alabo como Creador de todos los universos:
los reinos físicos que puedo ver y los reinos invisibles sin fin.
Te alabo porque lo sustentas todo... incluso mi propia vida.*

JESUCRISTO, SALVADOR Y SEÑOR

Después de llevar a cabo la purificación de los pecados,
se sentó a la derecha de la Majestad en las alturas.

HEBREOS 1:3 NVI

Consideremos la tercera y cuarta manera en que Jesucristo es honrado en relación con todas las cosas.

3. **Como el Salvador del universo.** Romanos 8:20-21, Colosenses 1:19-20 y otros pasajes dicen que Jesús intenta redimir la creación misma. Pero, lo que es más importante, él llevó «a cabo la purificación de los pecados».

4. **Como el Señor del universo.** La frase «se sentó» les hablaba con fuerza a los primeros lectores, porque sabían que los sacerdotes nunca se sentaban. Jesús podía sentarse porque su obra estaba completa. Ahora está inmensamente honrado en el cielo. Es más, en Su posición de autoridad, Cristo intercede ante el Padre por ti.

El escritor de Hebreos exalta continuamente al Hijo de Dios, ya que está convencido de que el poder y la majestad de la persona de Jesucristo son la respuesta a todas las preguntas. ¿Sientes a veces que tu vida es estresante e incluso te agobia? Si es así, la respuesta a tus problemas es *quién es Jesucristo... en ti*.

Amado Jesús, te adoro porque tú eres el único Salvador,
el único camino hacia tu Padre. Y te adoro porque eres
el Señor supremo sobre todo.

MEDITA EN DIOS

Estad quietos, y conoced que yo soy Dios.

SALMOS 46:10 RVA

Hay un tiempo para orar fervientemente por lo que necesitas. Pero *también* hay un tiempo para meditar, para pensar profundamente en quién es Dios. En momentos así, concéntrate completamente en él y evita que tu mente se desvíe. Dios te recompensará con un conocimiento más profundo de su naturaleza y amor.

Dios mandó: «Estad quietos, y conoced que yo soy Dios» (Salmos 46:10 RVA). Debes calmar tu corazón y concentrarte en conocerlo: que él es Dios todopoderoso, supremo, santo, bello y glorioso.

También debes meditar en las cosas maravillosas que Dios ha hecho en tu vida y en la vida de los demás. Piensa en sus milagros, grandes y pequeños: «Meditaba en todas tus obras; reflexionaba en las obras de tus manos» (Salmos 143:5 RVR1960).

Cuando leas la Biblia, haz una pausa en un versículo y medita profundamente en su significado. «¡Oh, cuánto amo yo tu ley! Todo el día es ella mi meditación» (Salmos 119:97 RVR1960). Medita en Dios y en las cosas de Dios hoy.

Amado Padre celestial, haz que pueda meditar en ti
y en tu Palabra, no solo ahora, sino a lo largo del día.
Por favor, dame una visión espiritual profunda de quién eres.
En el nombre de Jesús te lo pido.

PENSAR DEMASIADO Y ORAR POCO

*No se inquieten por nada; más bien, en toda ocasión, con oración
y ruego, presenten sus peticiones a Dios y denle gracias.*

FILIPENSES 4:6 NVI

La Biblia habla de algunos hombres muy inteligentes. José es
descrito como sabio y perspicaz (Génesis 41:39); de Daniel y
sus compañeros se cuenta que «Dios los dotó de sabiduría e
inteligencia» (Daniel 1:17 NVI); a Salomón se le otorgó «sabiduría
e inteligencia extraordinarias» (1 Reyes 4:29 NVI).

En su época, estos hombres fueron famosos por su intelecto,
y Dios los usó a todos para cumplir su voluntad. Pero su verdadera
fuerza venía de conocer la fuente de sus dones y la necesidad de
encontrar a Dios en la oración.

La oración no reemplaza el conocimiento, la sabiduría o el
discernimiento, sino que los trasciende. La oración es invitar al
Dios de toda sabiduría a participar en tu vida. Él se deleita en darte
su paz en lugar de tu ansiedad. Pensar no te sacará de todas las
situaciones, pero él «puede hacer muchísimo más que todo lo que
podamos imaginarnos o pedir» (Efesios 3:20 NVI).

Siempre pídele a Dios sabiduría (Santiago 1:5), recordando
que la mayor sabiduría de todas es acudir a Dios en oración.

---

*Señor, te pido que me des la sabiduría que necesito. No puedo
resolver mis problemas por mi cuenta. Necesito una solución
sobrenatural. ¡Ayúdame, por favor!*

BRILLAR EN LA OSCURIDAD

Al ver Aarón y todos los israelitas el rostro resplandeciente
de Moisés, tuvieron miedo de acercársele.

ÉXODO 34:30 NVI

Es uno de los momentos más imponentes de la Biblia. ¡Moisés regresó de la presencia del Señor resplandeciendo (Éxodo 34:29-35)! En 2 Corintios 3:7-18 (NVI), Pablo usó este momento para ilustrar la transformación que los creyentes experimentan en la presencia de Dios. «Así, todos nosotros, que con el rostro descubierto reflejamos como en un espejo la gloria del Señor, somos transformados a su semejanza con más y más gloria» (v. 18).

Una tremenda transformación espiritual no solo es posible, ¡es real! Dios hace una obra poderosa en ti para transformarte a la imagen de Cristo. ¡Esa es su gran y gloriosa esperanza!

Una gran transformación espiritual es algo que se ve. Los que te rodean deben notar la diferencia, no por gestos piadosos, sino porque eres diferente. No es algo que se exhibe, ¡es algo que no puedes ocultar!

Por último, solo en la presencia de Dios puede renovarse una gran vitalidad espiritual. Cuando la gloria se desvaneció, Moisés se quitó el velo y regresó a la fuente de la verdadera transformación (Éxodo 34:33-35). Cuando necesitaba más de Dios, Dios estaba ahí para él. También está ahí para ti.

Dios, ayúdame a buscar tu rostro y a llenarme continuamente de tu
Espíritu, para estar tan unido a ti que me transforme a tu imagen.

SENTIRSE COMO UN FRACASO

*Porque Dios no es injusto como para olvidarse de las obras
y del amor que [...] han mostrado sirviendo a los santos.*

HEBREOS 6:10 NVI

A veces puedes sentirte como un fracaso, como si toda tu vida de intentar servir a Dios se hubiera quedado en nada. Isaías también sintió frustración una vez. Dijo: «En vano he trabajado; he gastado mis fuerzas sin provecho alguno. Pero mi justicia está en manos del SEÑOR; mi recompensa está con mi Dios» (Isaías 49:4 NVI). Aunque estaba abatido, no podía evitar creer que Dios le recompensaría.

Hebreos 6:10 (NVI) dice: «Porque Dios no es injusto como para olvidarse de las obras y del amor que, para su gloria, ustedes han mostrado sirviendo a los santos, como lo siguen haciendo». Él ve todo lo que haces y puedes estar seguro de que te recompensará. «Servir al pobre es hacerle un préstamo al SEÑOR; Dios pagará esas buenas acciones» (Proverbios 19:17 NVI).

Vale la pena servir al Señor. Puedes sentir que has fallado, pero Dios ve tu fidelidad.

*Señor, aunque a veces me siento como un fracasado,
sé que tú me recompensarás. Ayúdame a no castigarme.
Ayúdame a ver tu mano y tu misericordia en mi vida.*

DESPUÉS...

Y, después de que ustedes hayan sufrido un poco de tiempo, Dios
mismo [...] los restaurará y los hará fuertes, firmes y estables.

1 PEDRO 5:10 NVI

◉ ◉ ◉

Pedro te recuerda que, cuando pasas por la prueba, sufres «un poco»
(1 Pedro 4:10 NVI). Uno no lo percibe de esa manera. El dolor hace
que el tiempo parezca más largo.

Pero debes entender «un poco de tiempo» no en términos de
esta vida, sino en términos de eternidad. Esta vida es una neblina
que se disipa rápidamente. A los que vencen les espera el gozo
eterno. Tú has sido llamado «a su gloria eterna en Cristo» (v. 10).

Las pruebas te purifican, te atemperan y te hacen más fuerte.
Las pruebas no te destruirán. Te preparan para el siguiente gran
paso en tu trayectoria espiritual.

Tal vez las palabras más reconfortantes de este pasaje sean
las de 1 Pedro 5:11 (NVI): «A él sea el poder por los siglos de los
siglos. Amén». Nunca ha habido ni habrá un momento en que
Dios no sea soberano.

En tiempos de pruebas, la vida parece fuera de control. *Puede*
estar fuera de tu control, pero no está fuera del control del Dios
que te amó desde antes y que tiene dominio sobre todas las cosas.

Dios, gracias por mantenerme a través de pruebas ardientes.
Sé que tu voluntad se está cumpliendo, incluso cuando parece
que las cosas están fuera de control.

MANTÉN TU PALABRA

Sobre todo, hermanos míos, no juren ni por el cielo ni por la tierra ni por ninguna otra cosa. Que su «sí» sea «sí», y su «no», «no», para que no sean condenados.

SANTIAGO 5:12 NVI

¿Alguna vez has conocido a alguien en quien puedes confiar? ¿El tipo de persona que sabías que cumpliría su palabra cuando te dijo que te ayudaría con una tarea desagradable, como una mudanza o pintar tu casa?

Ese es el tipo de amigo que a todos nos gustaría tener, ¿no? Pero también es el tipo de amigo que deberías esforzarte en ser.

Algunos cristianos interpretan literalmente las palabras del versículo bíblico anterior y evitan hacer cualquier tipo de promesas, realizar cualquier clase de juramentos o firmar contratos. Pero incluso para alguien que no sigue este versículo al pie la letra, las palabras de Santiago subrayan un principio simple pero importante: *sé un hombre cuya palabra se pueda tomar en serio.*

Sé un hombre tan confiable que nadie tenga que preguntar: «¿Me lo prometes?». Sé un hombre cuyo «sí» siempre signifique «sí» y cuyo «no» siempre signifique «no».

Señor, ayúdame a ser un hombre de palabra, uno que recuerda las citas, cumple las promesas y llega puntual. Dame convicción de lo importante que es esto, te lo ruego.

ESCUCHAR ES UNA ACTIVIDAD PELIGROSA

Herodes temía a Juan y lo protegía, pues sabía que era un
hombre justo y santo. Cuando Herodes oía a Juan, se quedaba
muy desconcertado, pero lo escuchaba con gusto.

MARCOS 6:20 NVI

Juan el Bautista fue el primer profeta en venir después de lo que se ha llamado los «Cuatrocientos años de silencio» en la historia de Israel. Durante el tiempo transcurrido entre el último profeta del Antiguo Testamento y Juan, ningún profeta habló al pueblo.

Así que, cuando Juan el Bautista apareció, presentándose y actuando como el profeta más grande de la historia de Israel (Marcos 1:6), la gente acudió a él. Incluso los recaudadores de impuestos y los soldados acudían a pedir su consejo (Lucas 3:12-14). Juan no contuvo su mensaje ni siquiera con Herodes el tetrarca, y lo reprendió públicamente por adulterio. Eso llevó a Juan a la cárcel y finalmente le costó la vida (Mateo 14:6-12).

Herodes cometió el peor error que una persona puede cometer cuando se trata de la Buena Nueva: la trató como algo sin importancia. Escuchó sin cambiar. Escuchar es un asunto peligroso si no tienes la intención de aplicar lo que oyes de Dios.

Padre nuestro que estás en los cielos, haz que yo escuche
y obedezca tu Palabra; no solo que la escuche y acepte
mentalmente, sino que la ponga en práctica.
Convénceme en las áreas donde no he sido obediente, te lo ruego.

NO PIERDAS LA FE

Los hijos de Efraín, arqueros armados,
Volvieron las espaldas en el día de la batalla.

SALMOS 78:9 RVR1960

Los hombres de Israel habían sido llamados a la batalla, así que reunieron sus ejércitos y marcharon, armados con espadas y escudos y portando arcos y flechas. Pero, cuando los de la tribu de Efraín vieron al enemigo, se dieron vuelta. Aunque se habían entrenado para la guerra y estaban bien armados, perdieron la valentía. No creían que Dios estaba con ellos.

Esto se aplica también a los desafíos a los que te enfrentas. Podrías estar completamente entrenado en tu profesión y tener todas las herramientas que necesitas, pero, si una situación te parece abrumadora, puedes rendirte antes de empezar.

En cierta ocasión, Moisés dudó de que pudiera hacer lo que Dios le había mandado, así que el Señor le preguntó: «¿Qué es eso que tienes en la mano? Moisés respondió: "Una vara"» (Éxodo 4:2 RVR1960). No parecía mucho, pero Dios procedió a hacer milagros asombrosos cuando Moisés la levantó.

Nunca subestimes tu habilidad para hacer lo que Dios te pide que hagas. Cuando él está contigo, puedes hacer cosas asombrosas.

Amado Dios, ayúdame a no rendirme en la desesperación antes
de empezar. Dame visión y valentía para afrontar las batallas.
Debo luchar, sabiendo que tú me ayudarás.

AGÁRRATE A ÉL

Sigo adelante esperando alcanzar aquello
para lo cual Cristo Jesús me alcanzó a mí.
FILIPENSES 3:12 NVI

A veces el premio parece esquivo, fuera de tu alcance. No debería sorprenderte. Cuanto más creces en Cristo, más te das cuenta de lo poco que lo conoces. En Filipenses 3:12-14, Pablo delineó su estrategia para tomar más y más de Dios en su vida.

Primero, no tengas la expectativa alcanzar esa meta. Pablo no la tenía.

Segundo, cuanto más se adueña Cristo de ti, más te cautiva su poder y presencia en tu vida, y más te motiva a buscarlo.

Tercero, olvida. Que el pasado, con sus errores y fracasos, permanezca en el pasado. No anheles lo que tuviste ayer. Poner la mira atrás impide moverse hacia adelante.

Cuarto, sigue adelante. La palabra traducida como «seguir adelante» significa «correr rápidamente para alcanzar a una persona o cosa». Así como los atletas que se acercan a la línea de meta se inclinan hacia la cinta, tú debes esforzarte al máximo e inclinarte hacia Dios.

¡Al final hay un premio! ¡Es tan maravilloso que es más que suficiente para mantenerte en la carrera!

Padre, dame la determinación de asirme con fuerza
de la promesa de vida eterna en Jesús.
Ayúdame a no perder nunca la visión celestial.

EL GOZO DEL SUFRIMIENTO

Queridos hermanos, no se extrañen del fuego de la prueba
que están soportando, como si fuera algo insólito. Al contrario,
alégrense de tener parte en los sufrimientos de Cristo, para que
también sea inmensa su alegría cuando se revele la gloria de Cristo.

1 PEDRO 4:12-13 NVI

El sufrimiento y la oposición por causa de Cristo no son solo una señal de que estás del lado de Jesús. El sufrimiento es una manera de encontrarse con Cristo en un nivel más profundo. A medida que enfrentas oposición, calumnia o cosas peores, creas un espacio en tu vida para experimentar más plenamente a Cristo. Al elegir sufrir por él, te estás negando a tus propios deseos y a tu naturaleza pecaminosa.

Lo más importante es que al elegir el sufrimiento estás dando un paso para creer que Dios tiene algo mejor para ti. Tú tienes la esperanza de su gloria para algún día. Aunque tus deseos te prometen alegría y satisfacción a corto plazo, estas son fugaces y no pueden compararse con la alegría que puedes experimentar hoy en la presencia del Señor, y mucho menos el día que te unas a él.

Querido Señor, ayúdame a aceptar con gusto el sufrimiento
por tu nombre. Úsalo para acercarme a ti. Ayúdame
a experimentar tu presencia, te lo ruego.

ANTICIPOS DEL CIELO

«Los ciegos ven, los cojos andan, los que tienen lepra son sanados, los sordos oyen, los muertos resucitan y a los pobres se les anuncian las buenas nuevas».

LUCAS 7:22 NVI

El ministerio terrenal de Jesucristo dio a las personas un anticipo de cómo es su reino eterno. Vieron a individuos resucitados de entre los muertos, unos sanaron espiritualmente, otros sanaron físicamente y otros más sanaron psicológicamente.

Como seguidor de Jesucristo, sabes que tus pecados pasados, presentes y futuros ya han sido perdonados, pero vuelves a experimentar su perdón cada vez que confiesas tus pecados. Justo después, querrás detenerte y saborear la experiencia de ser perdonado. Si lo haces, disfrutarás de un delicioso anticipo del cielo.

Aunque tu salvación es total, no significa que no peques, nunca te enfermes, no tengas pruebas, no luches con la tentación, nunca falles, no temas el cáncer ni acabes muriendo. ¿Acaso no son estos los medios para ayudarte a continuar anhelando el cielo?

Reduce el paso y saborea cada anticipo de la experiencia de este lado de la eternidad. Estos son los ricos y valiosos regalos de Jesucristo para ti.

Amado Jesús, al pasar tiempo en tu presencia, me hago una idea de cómo será el cielo. Ayúdame a contar todas las maneras en que me das un anticipo de las riquezas de tu reino.

RECUPERAR A LOS PERDIDOS

*Sepan ustedes que cualquiera que hace volver al pecador
de su mal camino, lo salva de la muerte y hace que
muchos pecados sean perdonados.*

Santiago 5:20 dhh

Es fácil desechar a las personas que se han alejado de la fe. Te dices
a ti mismo que sabían muy bien lo que estaban haciendo cuando
regresaron a sus caminos mundanos. Pero la pregunta es: ¿estás
preocupado por ellas? ¿Oras por ellas y te acercas a ellas? Jesús dijo:

> *«¿Qué hombre de vosotros, teniendo cien*
> *ovejas, si pierde una de ellas, no deja las*
> *noventa y nueve en el desierto, y va tras la*
> *que se perdió, hasta encontrarla?».*
> (Lucas 15:4 RVR1960)

Jesús dio por sentado que *todas* las personas que escucharan
estarían motivadas a recorrer el desierto en busca de una oveja
perdida y preguntó: «¿Qué hombre *no* va tras ella hasta que la
encuentra?». ¿Y cuánto más valiosa es una persona que una oveja?

Al final, la persona debe decidir si quiere volver al Señor, pero
tú puedes jugar un papel importante para ayudar a restaurarla.

---

*Señor, conozco a personas, incluso a miembros de la familia,
que se han alejado de ti. Por favor, usa mi ejemplo, mis palabras
y mi preocupación para atraerlas de vuelta a ti.*

EL VALOR DE LA TRAICIÓN

«Por envidia los patriarcas vendieron a José como esclavo,
quien fue llevado a Egipto; pero Dios estaba con él y lo libró
de todas sus desgracias. Le dio sabiduría para ganarse
el favor del faraón, rey de Egipto, que lo nombró
gobernador del país y del palacio real».

HECHOS 7:9-10 NVI

La traición no suele ser parte de la ruta recomendada para el éxito. Pero en el caso de José fue esencial. Sus hermanos lo odiaban, así que lo vendieron como esclavo. A causa de esto, José terminó a cargo de todo Egipto y pudo rescatar a su familia de la hambruna.

La traición era parte del plan de Dios para José. Las experiencias más difíciles en tu vida pueden ser herramientas que Dios usa. La decepción puede aclarar tus expectativas al quitarte falsas esperanzas. La tragedia puede cumplir con su doloroso cometido de mostrarte la realidad de un mundo que no es tu hogar.

José permaneció fiel a Dios durante sus aflicciones hasta que se cumplió el tiempo de Dios y se convirtió en el salvador de todo Israel. En esto, José fue un tipo de Jesús, quien también soportó la traición como parte de la voluntad de Dios para salvar a su pueblo.

Dios, por favor, dame una perspectiva eterna de mis problemas.
Ayúdame a saber que incluso si otros me traicionan, maldicen o
maltratan, tú sacarás el bien de ello.

VALOR A PARTIR DEL CAOS

Sin bueyes el granero está vacío;
Mas por la fuerza del buey hay abundancia de pan.

PROVERBIOS 14:4 RVR1960

Los bueyes son criaturas problemáticas. No hay manera de aprovechar su fuerza sin mirar bien por dónde pisas. Si quieres producir algo de valor, vas a tener que lidiar con el problema que eso provoca.

Es arriesgado dirigir un negocio: la gente no siempre hace lo que uno espera, los clientes exigen más de lo que uno puede dar, y cada semana hay que arreglar algún desastre.

El matrimonio, con todas sus delicias, puede generar montones de escombros. Sacrificar sueños, manejar conflictos, lidiar con parientes, ajustar las finanzas, servir cuando prefieres ser servido... todo son complicaciones. Pero las recompensas valen la pena.

Tener hijos puede ser, literal y figurativamente, la opción más problemática de todas. Pero la mayoría de los padres te dirían que lo harían todo de nuevo.

Nada que tenga valor llega sin trabajo, consecuencias y riesgo. La pereza y el miedo son tus principales obstáculos. Dios quiere que trabajes en todo lo que él ha puesto en tu vida, centrándote en crear algo de valor.

Señor, dame la paciencia para lidiar con las complicaciones,
sabiendo que son la prueba de que están sucediendo cosas en mi
vida. Ayúdame a estar agradecido por lo que haces por mí.

CUIDAR A LOS DEMÁS

No se ocupen solo de sus propios intereses, sino también procuren interesarse en los demás.

FILIPENSES 2:4 NTV

Cuando la Biblia dice «interesarse en los demás», se refiere a *todas* las demás personas. Esto incluye a tu esposa, hijos, parientes, compañeros de trabajo y desconocidos. Naturalmente, te cuidas a ti mismo y te ocupas de los asuntos que son importantes para ti. Pero también eres el guardián de tu hermano.

Piensa en tus hijos, por ejemplo. Por ser niños, están interesados en cosas que hace mucho tiempo que a *ti* dejaron de interesarte. Pero, como los amas, haces un esfuerzo por escuchar sus gracias, así como una pausa para identificarte con sus penas.

La Biblia dice: «Vivan en armonía los unos con los otros. No sean arrogantes, sino háganse solidarios con los humildes» (Romanos 12:16 NVI). Esto incluye a los primos cuyos intereses te parecen aburridos. Incluye a un pariente anciano que parece ser una reliquia de un siglo pasado. Para relacionarte con ellos, tienes que abandonar la idea de que tu tiempo es demasiado valioso.

Muchas personas no están dispuestas a esforzarse por cuidar de los demás. Pero hay grandes recompensas por hacerlo.

Amado Dios, dame el amor que necesito para ralentizar mi agenda y dedicar tiempo a estar con aquellos que me necesitan. Ayúdame a no ignorarlos. En el nombre de Jesús. Amén.

BENDECIR A TUS PADRES

Si honras a tu padre y a tu madre,
«te irá bien y tendrás una larga vida en la tierra».

EFESIOS 6:3 NTV

¿Y si tuvieras uno o más padres que simplemente no estuvieron ahí para ti? ¿Y si no tenían lo necesario para mostrar cómo debe ser el amor? ¿Y si se mostraban indiferentes y pronunciaban palabras que no podían considerarse bendiciones?

Tal vez estés esperando una bendición que nunca has recibido, una validación que nunca llegó, un padre alentador que solo parecía algo propio de los cuentos de hadas, y te encuentras en un conflicto. Bendecir a un padre que nunca te bendijo te parece incómodo.

Algunos padres probablemente estaban mal por una bendición que debería haber venido de *sus* propios padres y no llegó. Incluso tus padres pueden estar esperando que les digan que son amados.

Por mucho que te hayan lastimado, puede reconstruirse una relación si *tú* les das a tus *padres* una bendición. Tu bendición puede crear una grieta en los muros que han construido alrededor de su corazón. Si esto es algo que deseas pero que eres reacio a intentar, pídele a Dios que aumente tu amor por tus padres y que te guíe para decirles las palabras adecuadas.

Amado Dios, llena mi corazón de amor y dame palabras de
bendición para pronunciarlas sobre mi padre y mi madre,
aunque nuestra relación haya sido imperfecta y difícil.

DEJARLO PASAR

Quien pasa por alto la ofensa, crea lazos de amor;
quien insiste en ella, aleja al amigo.

PROVERBIOS 17:9 DHH

Todo el mundo comete errores y ofende, pero algunos hombres son especialmente propensos a hacerlo. O toman prestada una herramienta valiosa y la pierden... luego te dicen que no pueden reemplazarla en este momento. ¿Cómo respondes?

Con suerte, te desharás de las ofensas menores rápidamente. Pero puede ser más difícil perdonar grandes pérdidas, sobre todo si no es la primera vez. Pero piénsalo bien antes de reaccionar. Puedes expresar tu decepción y comunicar con tranquilidad cómo te hace sentir esto. Y, por lo general, deberías expresar tus emociones.

Pero no es sabio guardar rencor. Levítico 19:18 (DHH) dice: «No seas vengativo ni rencoroso con tu propia gente». Luego dice: «Ama a tu prójimo, que es como tú mismo», que es la razón por la que no debes guardar rencor.

Los mandamientos de Dios sobre el amor y el perdón tienen aplicaciones prácticas en tu vida diaria y en tu lugar de trabajo. Puede que no sean fáciles de implementar, pero se garantiza que funcionarán.

Amado Señor, ayúdame a no aferrarme a mis
sentimientos heridos y a no guardar rencor. Ayúdame
a reaccionar de la manera correcta ante las pérdidas
y las ofensas. Dame sabiduría y amor, te lo ruego.

NO HAY VUELTA ATRÁS

*Mas ahora, conociendo a Dios, o más bien, siendo conocidos
por Dios, ¿cómo es que os volvéis de nuevo a los débiles y pobres
rudimentos, a los cuales os queréis volver a esclavizar?*

GÁLATAS 4:9 RVR1960

La mayoría de los hombres tienden por defecto a lo que les resulta
familiar. Los judíos de Galacia no eran una excepción. Después
de escuchar el evangelio y responder a él, conocieron a Dios de
una manera mucho más íntima que cuando trataban de guardar
la ley ceremonial.

Ninguna de esas prácticas tenía un poder espiritual en sí. Eran
sombras del evangelio venidero. Sin embargo, Pablo le escribía a
la iglesia de Galacia con el corazón apesadumbrado, al saber que
habían vuelto a sus viejas costumbres. «Me temo de vosotros, que
haya trabajado en vano con vosotros», dice Gálatas 4:11 (RVR1960).

Hoy en día, luchas con otros rituales vacíos, como el
cristianismo basado en el rendimiento. Antes creías que te
podías ganar el camino al cielo mediante buenas obras. Aunque
dejaste esa idea atrás, quizás vuelves a ella cuando crees que tu
comportamiento es un reflejo de tu vigor espiritual. Debes rechazar
estos conceptos. Vuelve al poder de Cristo en ti.

*Padre, ayúdame siempre a tener en cuenta que necesito
de tu gracia para conseguirlo. No dejes que vuelva
a mi antigua manera de pensar y vivir.*

¿HOGAR, DULCE HOGAR?

... mientras vivamos en este cuerpo estaremos alejados del Señor.

2 Corintios 5:6 NVI

En 2 Corintios 5:1-10, Pablo estaba hablando de su lucha entre la vida y la muerte. Se daba cuenta de que esta vida física de alguna manera le impedía estar «en casa» con el Señor.

No hay ninguna duda al respecto. En este mundo físico estás en casa. Este planeta es el único lugar del universo donde se sabe que florece la vida. Estás hecho para este lugar. Más exactamente, este mundo fue creado para ser tu hogar.

Pero este mundo, tal como es ahora, no es tu hogar para siempre. No fuiste destinado a experimentar el sufrimiento y la tristeza de un mundo roto por el pecado y la desobediencia. Lo previsto para ti era que disfrutases de la intimidad con Dios sin ninguna barrera (Génesis 3).

Estar «en casa» también significa estar en un lugar donde te sientes cómodo, descansado y a gusto. No debes estar en casa con los valores, estilos de vida y prioridades de este mundo. Deberías sentirte intranquilo en este mundo. Si no te sientes incómodo aquí, nunca estarás verdaderamente en casa con Cristo.

Señor, ayúdame a saber que este mundo presente no es mi destino final. Dame una perspectiva celestial para que valore el lugar donde pasaré la eternidad contigo.

PRACTICAR LA HOSPITALIDAD

Estén listos para ayudar a los hijos de Dios cuando pasen
necesidad. Estén siempre dispuestos a brindar hospitalidad.
ROMANOS 12:13 NTV

A los hebreos se les instó a mostrar bondad hacia los extraños, a mostrar hospitalidad llevándolos a sus casas (Job 31:32). Se esperaba que les dieran de comer y eran responsables de proteger a los huéspedes bajo su techo. Hoy en día, tal hospitalidad es rara. Con tanta delincuencia y personas deseosas de aprovecharse de la gente, se considera peligrosa y desaconsejable.

Pero la Biblia sigue diciendo: «Estén *siempre dispuestos* a brindar hospitalidad» (Romanos 12:13 NTV, énfasis añadido). Así que debemos considerar otras formas de brindarla. ¿Qué pasa cuando una nueva familia viene a tu iglesia, no conoce a nadie y necesita amigos? ¿Estás deseoso de practicar la hospitalidad? ¿Tu esposa y tú los invitan a almorzar? ¿Los ayudan a instalarse en la ciudad?

¿Qué pasa cuando hay familias en tu iglesia que tienen problemas para suplir sus necesidades básicas: ropa de abrigo, comida u otras necesidades? ¿Ayudas de una manera práctica? Hay muchas maneras de ser «hospedador, amador de lo bueno, templado, justo, santo, continente» hoy (Tito 1:8 RVA).

Padre, ayúdame a estar «siempre dispuesto a brindar
hospitalidad». Ayúdame a dar la bienvenida a las personas
nuevas a mi iglesia, a entablar amistad con nuevas personas.

UNA EPIFANÍA DE CRISTO

Es mi deseo que experimenten el amor de Cristo,
aun cuando es demasiado grande para comprenderlo todo.

EFESIOS 3:19 NTV

Experimentar una epifanía (del griego *epiphaneia*, «manifestación, apariencia llamativa») significa tener una repentina percepción espiritual que te permite captar una verdad profunda o entender un misterio desde una nueva perspectiva.

Necesitas una epifanía de Cristo. Debes venir a él y tener una revelación de quién es él. Ignacio de Loyola enseñó que los cristianos deben cultivar un amor ardiente por Jesús por medio de la contemplación profunda de él. Esta buena práctica también te lleva a la unión con Cristo. En sus *Ejercicios espirituales* (104), Loyola oraba: «Señor, haz que te vea más claramente, que te ame más, que te siga más de cerca».

Necesitas experimentar el amor de Cristo, aunque es demasiado grande para comprenderlo del todo. Esto no tiene por qué limitarse a una experiencia súbita y dramática. Lo más necesario es hacer un compromiso deliberado y diario con Jesús y experimentar una serie de epifanías de Cristo y su amor para toda la vida. La Biblia dice: «A él miraron y fueron alumbrados» (Salmos 34:5 RVA).

Señor, ayúdame a verte más claramente en toda tu gloria
y tu amor maravilloso. Haz que te ame más que nunca.
Que pueda seguirte más de cerca, dondequiera que me lleves.